選手

#DESTROYER

#DEFENSIVE_MIDFIELDER

#UNSUNG_HERO

PROLOGUE

왜, 지금, 캉테인가

원고 청탁을 받고 사실 조금 놀랐다. 케빈 더브라위너와 로베르트 레반도프스키, 세르히오 라모스를 잇는 다음 선수가 은골로 캉테라니. 캉테는 분명 세계적인 미드필더이자 매력적인 선수지만 슈퍼스타라고 부르기는 어렵다고 생각했다. 제안을 수락한 후에도, 주인공을 새로 찾아야 하지 않느냐고 자문하기도 했다. 하지만 캉테에 대한 자료를 찾으면 찾을수록, 영상을 보면 볼수록 생각이 달라졌다. 캉테는 꼭 제대로 조명할 필요가 있다고 느꼈다. 캉테는 모두가 자신을 내로라하며 나서는 세상에 아무것도 내세우지 않기에 더 특별한 선수다. 이미 그와 함께한 모든 감독과 선수가 칭찬하는 기량을 가지고도 항상 겸손한 게 매력이다. 월드컵을 차지하고도 사진 찍는 것도 수줍어 하는 이가 있다니.

"캉테는 수줍음이 매우 많은데 대중 앞에 좀 나서야 했다. 그는 어색함을 감추지 못했지만, 충분히 그럴 자격이 있는 선수다. 매우 매력적인 사람이다." 올리비에 지루가 한 말은 캉테가 지닌 양면성을 모두 보여준다. 중요한 사람이지만, 스스로 나서기를 극도로 꺼리는 사람. 프랑스 대표팀 동료인 폴 포그바와 앙투안 그리즈만과는 대척점에 서 있다고 볼 수 있다. 두 선수는 그라운드 안팎에서 존재감을 과시한다. 포그바와 그리즈만은 스타로서의 정체성을 잘 알고 있으며 즐긴다. 개성이 강한 선수들로 이뤄진 프랑스 대표팀 한 가운데에서 모두를 연결할 수 있는 힘도 캉테가 지닌 천성에서 나오는 듯하다. 캉테는 그라운드뿐만 아니라 지구의 반 이상을 커버한다는 수식을 받지만, 자신을 앞세우지 않는다. 그의 진가를 말하는 이는 항상 타자다.

"캉테는 대중과 팀 동료들의 사랑을 한몸에 받는다. 그는 좋아하지 않을지라도 우리가 항상 캉테를 앞에 내세우려는 이유다." _그리즈만

캉테는 인간승리의 표본이자 프랑스가 표면적으로 내세우는 가치 '자유, 평등, 박애'를 몸으로 구현한 인물이기도 하다. 그는 9부리그에서 시작해 세계 챔피언이 됐다.

키가 작아서 아무도 알아주지 않았던 선수가 프랑스의 중소팀을 거쳐 잉글리시프리미어리그에서 우승 동화를 쓰고 월드컵 트로피까지 들어올리는 이야기를 완성했다니 놀랍지 아니한가! 어려움을 딛고 성공한 영웅 서사에 으레 따라오는 것처럼, 캉테를 놓치고 아쉬워 하는 이들 이야기도 있다. 특별한 것은 안타까움을 삼키는 이 중에 하나가 젊은 선수가 지닌 재능을 알아보는 데에는 세계 최고였던 아르센 벵거 전 아스널 감독이라는 사실이다. 벵거는 절친한 친구의 추천에도 불구하고 캉테를 품지 않았다. 책을 쓰는 동안에도 그랬지만 이 글을 적는 순간에도 '거짓말 같다'는 표현이 머리 속을 맴돈다. 캉테는 좋은 선수가 되지 못할 수많은 조건을 딛고 높은 자리에 섰다. 그리고 지금도 최정상의 무대에서 뛰고 있다. 실력부터 인성까지 거의 흠 잡을 곳이 없어서 더 비현실적이다. 제법 인간적인 면모도 하나 있기는 하다.

"그는 작고, 친절하고, 리오넬 메시를 막았지. 그런데 우리는 은골로 캉테가 사기꾼이라는 걸 알지!" 유명한 샹송 '오 샹젤리제' 가락에 맞춘 이 노래에 힌트가 있다. 캉테는 게임을 할 때 속칭 '밑장빼기'를 즐긴다고 한다. 카드를 쳐도 승부욕을 감추지 못해 그런 행동을 한다는 것이다. 포그바가 캉테를 응원하는 노래의 가사를 그렇게 마무리한 이유는 분명하다. 물론 캉테에게도 할 말은 있다. 그는 이 노래에 만족하면서도 그냥 지나치지 않고, 한 마디를 남겼다.

"대중의 관심에 감격했다. 동료들이 나를 추켜세워준 것도 고맙게 생각한다. 그런데, 나는 사기꾼이 아니라고 다시 말하고 싶다. 원래 패배자들은 승자를 비난하는 것을 즐긴다!"

뽐내지도, 비난하지도 않는 색다른 승자의 이야기를 함께 시작해볼 시간이다.

N'Golo Kante

DECISIVE MOMENT

쉬렌에서 뛰던 은골로는 프로 레벨의 더 좋은 팀으로 옮기려고 많은 노력을 했다. 쉬렌 회장을 포함한 모든 이가 은골로가 지닌 실력을 알았지만, 다른 팀들은 체구가 너무 작다는 이유로 입단을 계속 거부했다. 쉬렌 수뇌부 중 한 명은 절친한 친구 아르센 벵거에게 전화를 하기도 했지만, 벵거도 쉽게 결정을 내리지 못했다. 결국 그는 2011년에 2부 소속 불로뉴 리저브팀에 입단했고, 2011-12시즌 막바지에 1군 데뷔전을 치렀다.

1 / 불로뉴 입단

은골로는 2013-14시즌을 앞두고 다른 2부리그 팀 캉과 계약했다. 캉은 불로뉴에서 상대로 뛰던 은골로 캉테를 눈여겨봤다. 선택은 성공이었다. 은골로는 입단하자마자 팀을 1부로 이끌었다. 그는 2014-15시즌 리그앙에서도 자신이 가진 능력을 충분히 선보였다.

2 / 캉 입단과 1부리그 승격

2015-16시즌 레스터시티에 입단하며 잉글리시프리미어리그에 데뷔했다. 아무도 레스터시티와 은골로를 주목하지 않았으나 결과는 우리 모두가 아는 대로다. 은골로는 잉글랜드 무대 중원을 평정하며 팀이 1/5,000 확률을 뚫고 우승하는 데 기여했다. 이후로 은골로 캉테라는 이름을 모르는 축구팬은 하나도 없게 됐다.

3 / 레스터시티 프리미어리그 우승 동화

프랑스 대표팀도 은골로를 그냥 두지 않았다. 디디에 데샹 감독은 2016년 3월 16일 캉테를 처음으로 호출했다. 은골로는 네덜란드, 러시아와 대결한 친선전에 모두 출전했다. 스타드 드 프랑스에서 벌어진 러시아 경기에서는 선발로 출전해 데뷔골까지 터뜨렸다.

4 / 프랑스 대표팀 선발과 데뷔골

은골로는 유로 2016에 출전할 기회를 얻었다. 조별리그와 16강까지는 계속해서 기회를 얻었으나 경고 누적으로 결장한 8강전 이후로는 출전 기회를 얻지 못했다. 은골로는 결승전 날 벤치에서 팀이 포르투갈에 0-1로 패하는 걸 지켜봐야 했다.

5 / 유로 2016 결승전 고배

데샹 감독은 두 번 실수하지 않았다. 2018 러시아 월드컵에서 은골로를 중용했다. 은골로는 수많은 경합에서 승리하며 프랑스의 우승에 크게 기여했다. 그가 완벽히 막아낸 선수 중에는 리오넬 메시도 있었다. (그리고 대표팀에서는 동료들과 카드 게임을 하며 밑장빼기를 즐겼다.)

6 / 월드컵 우승, 그리고 메시 봉쇄

2020-21시즌 UEFA챔피언스리그 결승전을 앞두고 첼시의 승리를 예상한 이는 많지 않았다. 우승은 첼시와 은골로 차지였다. 은골로는 중원을 독차지하면서 주제프 과르디올라 감독이 구상한 전술을 철저히 부쉈다. 아르센 벵거는 그날 은골로가 보여준 플레이를 한 마디로 "믿을 수 없을 정도"라고 표현했다.

7 / 펩의 맨시티 꺾고 첼시에서 UCL 우승

TITLES

CLUB

레스터시티 리그 *2015-16*

첼시 리그 *2016-17*

FA컵 *2017-18*
UEFA챔피언스리그 *2020-21*
UEFA슈퍼컵 *2021*
FIFA클럽월드컵 *2021*

NATIONAL TEAM

프랑스 대표팀
F R A N C E

FIFA월드컵 *2018*

PERSONAL ACHIEVEMENT

PFA 올해의 팀 *2015-16, 2016-17*
PFA 올해의 선수 *2016-17*
PFA 선수 선정 올해의 선수 *2016-17*
프랑스 올해의 선수 *2017*
FIFA FIFPro World 11 *2018, 2021*
UEFA 올해의 팀 *2018*
레키프 올해의 팀 *2016, 2017, 2018*

CONTENTS

8 프롤로그: 왜, 지금, 캉테인가

10 은골로 캉테 커리어의 결정적 순간

Kante, Who is he?

18 01 신장이 아닌 심장으로 증명한 아이

24 02 벵거도 거절한 캉테 불로뉴에 정착하다

31 03 캉에서 빛나다

36 STORY: 불로뉴와 캉이 키운 스타들

In England

45 01 이 친구가 정말 캄비아소 대체자?

51 02 21세기 영국 축구에서 가장 놀라운 우승

57 03 콘테의 마지막 퍼즐

69 04 사리와 램파드 시절도 시간낭비는 아니었다

82 STORY: 미니를 타고 다니는 미니 캉테

88 COLUMN: 수비형 미드필더도 주인공이 될 수 있어

Les Bleus

100 01 달콤한 데뷔, 씁싸름한 유로 2016

108 02 월드컵을 집어 삼키다

129 03 희생과 겸손의 힘, 프랑스 축구에서 캉테가 갖는 의미

132 STORY: 캉테의 영원한 비교대상 마켈렐레 그리고 위대한 프랑스 선배들

137 COLUMN: 캉테가 있어 가능했던 전술 유행의 변화

156 에필로그: 축구 최후의 아마추어리즘

Kante, Who is he?

온골로 캉테는 프랑스 축구계에서 어느 누구도 주목한 선수가 아니었다.

이제는 조금 달라졌다고 할 수도 있겠지만,

프랑스 축구는 여전히 체격 조건이 좋은 선수를 선호한다.

캉테는 아마추어 리그의 로컬 클럽에서는 그럭저럭 볼을 잘 찬다는 평을 받았지만,

프로 레벨까지 오르리라고 생각한 이들은 거의 없었다.

그들은 하나같이 "캉테, 그게 누군데?"라고 의문을 던질 뿐이었다.

"

어린 은골로가 지닌 성품은 지금과 똑같다고 보면 된다.
매우 신중하고 부지런한 아이였고, 겸손하고 사려 깊은 친구였다.
어린 시절 클럽에서 월반을 했을 때도 항상 똑같이 행동했다.
은골로는 우리가 보호해야 하는 선수이기도 했다.
우리는 상위 리그로 갈 수 있는 그가 다치는 걸 바라지 않았다.

메흐디 아리아노 쉬렌 동료

01

신장이 아닌
심장으로 증명한 아이

새로운 삶을 찾으려고 아프리카에서 프랑스로 날아온 말리 출신 부부는 파리 외곽에 있는 뤼에유-말매종에 터를 잡았다. 남편은 청소부로 일했고 아내는 가정부로 생계를 도우며 아이 아홉을 낳아 길렀다. 그들은 어렵게 살았으나 정도를 지키려 했고, 아들 중 하나에게 특별한 이름을 주었다. 노예로 태어나 18세기 바마나 제국(밤바라 제국으로도 불림. 오늘날 말리의 일부에 해당) 왕에 올랐던 은골로 디아라의 이름을 붙인 것이다. 그 부부의 성은 캉테였다.

어린 은골로는 축구에 대한 열정이 대단했다. 집 가까운 곳에 있는 운동장에서 스스로 연습하는 일이 많았다. 은골로는 매우 수줍음 많고 조용한 아이였으나 그와 다른 형제들 혹은 다른 아이들을 구분하는 건 정말 쉬웠다. 캉테는 또래보다 머리 하나 정도 키가 작았다. 경기장에서도 가장 왜소한 아이를 찾으면 됐다. 은골로가 처음 축구를 시작한 동네 로컬 클럽 라 쥐네스 스포르티드 드 쉬렌(la Jeunesse sportive de Suresnes) 실뱅 포르토 회장은 처음부터 특별함을 느꼈다. 그는 타고난 체격이나 체력보다 은골로의 행동과 모습에서 보여지는 바른 가정교육과 착한 심성에 주목했다. 포르토 회장은 어린 은골로를 세 단어로 정의했다. 존중, 훈련 그리고 겸손이다. 은골로는 11살 때 아버지를 여의었다. 어린 나이에 겪게 된 인생 첫 커다란 시련은 종종 한 사람을 정의하거나 변화시키지만, 은골로는 흔들리지 않았다.

은골로가 시합 중에 화를 내며 나가거나
특정 동료 한 사람을 비난하는 것을 본 적이 없다.
20년 동안 어린 선수들을 가르쳤지만,
이런 아이는 보지 못했다.
은골로의 진정한 강점은 정신력이다.
챔피언이 될 정도로 높은 수준이다.

표트르 보이티나 쉬렌 코치

"당시 은골로가 지닌 성품은 지금과 똑같다고 보면 된다. 말하자면 매우 신중하고
부지런한 아이었다. 전혀 변하지 않았다. 매우 겸손하고 사려 깊다. 어린 시절
클럽에서 월반을 했을 때도 항상 똑같이 행동했다."

그 시절 은골로와 함께 뛰었던 동료 메흐디 아리아노는 "말이 많지 않았다.
은골로가 먼저 말을 걸진 않았지만 우린 대화를 나누곤 했다"라며 "그저 특별히
싹싹한 아이는 아니었다는 이야기다. 지금 많은 이들이 보는 그대로다. 은골로는
변하지 않았고, 그게 우리 팀의 진정한 자랑이다"라고 당시를 떠올렸다.
은골로는 빠르게 팀 내에서 영향력을 넓혔다. 감독도 친구들도 모두 이 사실을
느끼고 인정했다. 은골로는 팀 내에서 가장 덩치가 작고 말도 없었으나 모든
부분에서 탁월했다. 타고난 재능은 물론이고 마음가짐도 남달랐다. 쉬렌
유소년팀에 있을 때 연습경기에서 경고를 받은 적이 한 차례도 없을 정도였다.
은골로가 쉬렌에서 처음으로 만난 감독 표트르 보이티나는 당시를 이렇게
회상했다. "은골로가 워낙 뛰어났기에 자체 연습경기를 하면 항상 실력이 떨어지는
선수들과 한 팀에 넣어 전력 밸런스를 맞추려고 했다. 그 연령대 어린이는 항상
자신이 속한 팀이 약하다고, 불공평하고 불균형하다고 말하기 마련이다. 하지만,
은골로는 그렇지 않았다. 계속 경기에 집중했고 질주를 멈추지 않았다. 정말 드문
일이다."
실력으로는 동년배 친구들 중에서 최고였으나 은골로는 누구도 무시하지 않았다.
불만을 표출한 적도 없었다. 그는 경기 중에는 쉴 새 없이 뛰어다녔고, 경기장

은골로는 반복해서 거절을 당했지만, 화내지 않았다.
계속해서 운동했고 노력했다.
키 때문에 문이 닫힌 게 일정 부분 상처가 될 수는 있었겠지만,
그는 결과적으로 더욱 강하게 단련됐다.
이런 일을 딛고 작은 은골로는 위대한 선수가 될 수 있었던 것이다.

실뱅 포르토 쉬렌 회장

밖에서는 항상 웃음을 보였다. 포르토 쉬렌 회장은 "사람들은 TV로 축구 중계를 보다가 은골로가 웃는 걸 보고야 그의 존재를 깨닫는다. 은골로는 당시에도 지금처럼 웃었다. 10년 전에도 말이다"라고 증언했다.

보이티나 코치는 은골로는 단순히 많이 뛰는 게 아니라 경기에 끊임 없이 관여한다고 강조했다. 그는 "은골로가 보여준 경기 관여도에 감탄했다"라며 "경기에 나서면 100% 경기에 몰입한다. 거의 웃지도 않고 집중하는 표정을 보여준다"라고 설명했다.

쉬렌에 있는 모든 구성원이 은골로가 지닌 실력을 인정할 수밖에 없었다. 은골로는 무려 두 차례나 월반을 했다. 17세 때는 평균 연령이 25세인 동료들과 뛰었다. 물론 선수들 중에 가장 어리고 작았으나 팀의 상징과도 같은 존재, 즉 마스코트였다. 앞서 은골로에 관해 말했던 동료인 아리아노도 은골로보다 3살이나 많은 선배였다. 아리아노는 "은골로는 우리가 보호해야 하는 선수였다"라고 표현했다. 작은 은골로가 뛰어난 활약을 펼치면 상대 팀의 표적이 될 수 있다는 걸 알았기 때문이다.

"생-브리스에서 함께 한 경기를 기억한다. 은골로는 정말 뛰어난 활약을 펼쳤다. 자존심이 상한 상대 선수들은 고의적으로 은골로를 자극하는 동시에 난폭한 행동으로 부상을 입히려 했다. 우리는 상위 리그인 불로뉴(당시 4부리그) 입단 가능성이 점쳐지던 은골로가 다치는 걸 바라지 않았다. 불로뉴 입단은 은골로에게 일생일대의 기회였다. 우리는 상대 선수들에게 난폭한 행동을 멈추라고

요구했고, 심판도 적절하게 경기를 운영했다."

작은 키와 덩치가 아무런 장애가 되지 않는다는 걸 동료들은 알았으나 세상은 오래도록 몰랐다. 은골로는 프로로 진출할 수 있는 무대가 될 수 있는 프로축구단 산하 유소년팀으로 가지 못했다. 그들이 정한 신장 규정을 통과할 수 없었기 때문이다. "우리는 은골로를 몇몇 명문 구단으로 데려갔으나 키가 작다는 이유로 입단을 거절당했다."

은골로를 거부한 팀 중에는 스타드렌, 소쇼, 로리앙의 등의 유명 클럽이 있다. 지금은 조금 변했다고는 하지만, 프랑스 팀들은 대체로 체격 조건이 좋은 선수를 선호한다. 이런 분위기와 내부 규정 때문에 지금은 '그리주'(그리즈만+지주, 지주는 지네딘 지단의 애칭)이라 불리는 앙투안 그리즈만 조차 프랑스에서 자리잡지 못하고 스페인으로 떠나야 했다. 캉테와 그리즈만을 놓친 팀들은 여전히 후회하고 있을 것이다. 은골로는 실력이 아니라 신장 때문에 기회를 계속 놓쳤으나 결코 포기하지 않았다. 보이티나 감독도 은골로를 계속해서 다독였다. "종종 은골로에게 키가 작은 게 장애가 아니라고 말해줬다. 그를 역이용한 덕분에 은골로는 더 민첩해질 수 있었고, 질주하다가도 바로 방향을 바꿀 수 있게 되었다." 우리는 이미 안다. 은골로는 이런 악재를 극복하고 정말 훌륭한 선수가 됐다.

02

벵거도 거절한 캉테
불로뉴에 정착하다

아르센 벵거 전 아스널 감독은 잉글리시프리미어리그에서 전무후무한 무패
우승을 일궜을 정도로 뛰어난 감독이다. 아스널에서 22년 동안 머물면서 누구도
하지 못한 일을 했고, 별명인 교수(Le Professeur)와 같이 지적인 면모를 유감없이
과시했다. 티에리 앙리, 파트릭 비에라, 세스크 파브레가스 등 원석 같던 선수들이
지닌 가치를 알아보고 세공하여 슈퍼스타로 키우기도 했다. 이런 벵거도 영입하지
못해 후회로 남은 선수가 있다. 그는 아스널에서 함께 했던 이안 라이트와 한
인터뷰에서 두 명을 언급했다. 한 명은 이미 잘 알려진 크리스티아누 호날두였다.
벵거는 호날두를 유심히 지켜보고 아스널로 불러 훈련까지 시키고도
맨체스터유나이티드에 빼앗긴 뼈아픈 일화를 가지고 있다. 다른 한 선수는 전혀
예상치 못한 이였는데 이 일화가 더 아쉽게 느껴진다. 왜냐하면 손만 뻗으면 매우
쉽게 영입할 수 있었고, 그 선수는 현재 매우 뛰어난, 해당 포지션 최고의 선수가
됐기 때문이다. 그것도 영국 런던을 연고로 하는 라이벌 팀에서 말이다.

"파리에 있는 팀(쉬렌, 정확히는 파리 외곽 지역)에서 뛰고 있었기에 그를 매우
쉽게 영입할 수 있었다. 게다가 그 팀 일원은 내 친한 친구였고, 내게 전화해서
'부탁해. 정말 뛰어난 선수를 한 명 보유하고 있는데, 프랑스에서는 원하는 팀이
없어'라고 말했다. 그 친구는 그 선수를 자신의 차에 태우고 여러 구단들을 돌면서
입단을 타진했다."

벵거가 놓친 선수 이름은 은골로 캉테다. 쉬렌은 은골로에게
더 큰 기회를 열어주려고 노력했으나 모든 팀이 은골로의
실력이 아닌 신장만 봤다. 당시 캉테를 데리고 몇 번이나
조금 더 큰 구단을 찾았던 피에르 비유 쉬렌 부총무는
아직도 선명한 거절의 기억을 지니고 있다. "우리는 그저
은골로에게 '아직 때가 아닐 뿐'이라고 말했다. 물론
은골로도 낙담하고 슬퍼했으나 '됐어. 이제 끝이야'라고
말하지 않았다. 우리는 '지금은 때가 아니지만, 언젠가는
올 것'이라고 말했다."

은골로는 첼시에 입단한 후에 계속해서 거절당하던 시기를
언급했다. 그는 오히려 덤덤했다. "쉬렌에서 정말 많은 걸
배웠다. 좋은 지도를 받았으며 마치 친구들과 뛰는 것
같았다. 사람들은 내가 키가 작아서 다른 구단으로 가지
못했을 뿐이라고 말할 수도 있다. 하지만, 그 시절의 내가
좋은 팀에 갈 정도로 충분히 잘하지 못했던 것일 수도 있다."

2010년, 당시 2부리그에 있던 불로뉴-쉬르-메르(이하
불로뉴)만이 캉테를 받아줬다. 프로 계약이 아닌 유소년
계약이었다. 사실 불로뉴도 은골로에 큰 기대를 걸진 않았다.
당시 불로뉴 유소년 센터장이었던 질베르 주너킨드는
"당시 은골로는 프로에 갈 만한 신체적인 조건이라곤 하나도
지니지 못했다"라며 "하지만 피지컬 테스트에서 엄청난
모습을 보였다. 그는 장거리 육상선수가 지녀야 할 모든
특징을 지녔고, 덩치가 크고 힘이 센 축구 선수를 향해 쏠려
있던 모든 고정관념을 날려버렸다"라고 회상했다.

은골로는 B팀에서 뛰면서 5부리그 경기에 출전했다. 꿈에는
조금 더 가까워졌으나 집에서는 많이 멀어졌다. 영불 해협에
접한 불로뉴는 고향 뤼에이-말매종에서 260km 떨어진
거리였다. 그는 가족들과 떨어져 꿈을 위해 내달렸다.
은골로는 낯선 곳에서 운동하면서 공부도 병행했고,
전문기술 자격증도 취득했다.

은골로는 조금씩 전진했으나 상황은 그다지 아름답게
달라지지 않았다. 그는 유스호스텔 객실에 묵고 있었는데
매월 숙박비를 감당해야 했다. 수입이 매우 낮았기에 배불리
먹기도 쉽지 않았다. 불로뉴 시절 감독이었던 크리스토프
레몽은 "은골로는 절대 불평하지 않았다"라며 어려운
상황에서도 "누구에게도 아쉬운 소리를 하지 않았다"라고
말했디.

은골로는 꿈을 좇았다. 불로뉴 유니폼을 입고 5부 리그에서
뛰는 것만으로도 기뻤다. "프로축구는 젊은 아마추어
선수들이 꿈꿀 수 있게 한다. 아마추어에서 프로 무대로

뛰어오른 디디에 드로그바와 아딜 라미 같은 선수들의
이야기는 내 힘의 원천이 됐고, 나도 그렇게 될 수 있다고
말해주는 것 같았다. 심지어 정말 밑바닥에서 시작했더라도
말이다."

2011-12시즌, 은골로는 A팀으로 올라와 리그두(2부리그)
경기에 출전할 기회를 잡았다. 그러나 좀처럼 기회를 잡지
못했다. 나중에 알려진 사실이지만, 더 많은 기회를 받을
수도 있었다는 것을 특별히 언급해야 할 것 같다. 당시
지휘봉을 잡았던 미셀 에스테반은 은골로를 제 포지션이

당시 감독은 은골로를 오른쪽 풀백으로 활용하길 바랐다.
당시엔 내가 오른쪽 풀백 주전이었고, 은골로는 그 자리에서 두 번째였다.
문제는 은골로는 그 포지션에서 뛸 선수가 아니었다는 점이다.
은골로는 전혀 기회를 잡지 못했다.
감독이 은골로에게 진정한 신뢰를 주지 않았다.

막심 콜랭 당시 불로뉴 팀 동료. 현재 잉글랜드 버밍엄시티 소속

아닌 오른쪽 풀백으로 간주했고, 제대로 된 기회 역시 주지 않았다.
불로뉴 시절 은골로와 가장 친한 친구였던 에릭 방데나벨(발랑시엔)
도 같은 맥락에서 믿음을 언급했다. "5부리그에서 뛴 두 번째 시즌,
은골로는 정말 대단했다. 그는 팀에 도움을 줄 수 있었으나
구단에서는 계속 '은골로는 너무 작다'라고만 말했다." 불로뉴는
2011-12시즌에 강등권에서 허덕였고, 에스테반 감독은 시즌
도중인 2011년 12월 30일에 경질됐다. 캉테는 감독이 교체된
후에야 경기에 나설 수 있었다. 단 한 경기뿐이었으나 처음으로
그 시즌에 프로 무대를 밟았다. 불로뉴 입단 2년 만에 꿈을 이룬
것이다. 이후 불로뉴는 결국 나시오날(3부리그)로 강등됐다.
팀은 강등됐으나 이후부터 조금씩 은골로에게 기회가 찾아왔다.
불로뉴를 다시 리그 선두로 끌어올려야 했던 조르주 투르네 감독은
캉테가 지닌 진가를 바로 알아봤다.

"팀에 도착하자마자 구단 유소년팀 출신 젊은 선수들을 모조리
테스트했다. 은골로도 그 안에 있었다. 은골로는 바로 내 시야로
파고들었다. 움직임, 기술, 간결함, 체력까지. 나는 이렇게 실력이
좋은 은골로가 왜 유소년팀에 머물러 있었는지 의문이었다.
바로 프로 계약을 했다."

투르네를 만난 은골로는 전환점을 만들었다. 그는 감독의 믿음을
등에 업고 강등된 이후 팀을 떠난 많은 선수들이 남긴 공백을
충실하게 채웠다. 은골로는 핵심적인 선수가 됐다. 그를 주전으로
발탁한 투르네 감독도 얼마 가지 못해 경질됐으나 은골로는
40경기를 소화했다. 그는 조금씩 가치를 증명했고 이름을 알리기
시작했으나 전혀 변하지 않았다. 생활 습관 역시 그대로였다.
여전히 친구네 집에 가거나 쇼핑을 할 때 전동 킥보드를 타고
다녔다.
2012-13시즌 은골로는 개선할 점이 많은 선수였으나 그 자체로도
이미 매력적이었다. 팀은 리그 13위에 그쳤으나 그는 해당 시즌
리그 최고 선수에 선정되기도 했다. 당연히 많은 팀이 은골로를
데려가려고 했다.
결국 SM캉이 은골로를 영입했다. 캉이 은골로를 데려가며 불로뉴에
낸 이적료는 정확히 '0원'이었다. 캉이 3년 계약으로 은골로를 품에
안았으나, 여전히 많은 이들이 그를 주시했다. 리그앙 팀은
물론이고 뉴캐슬유나이티드 스카우트도 관심을 보였다.
레몽 불로뉴 유소년 센터장은 "3부리그에서도 은골로를 정기적으로
관찰한 팀이 많았다. 그들은 은골로가 리그두에서 어떻게
적응하는지 기다리면서 지켜보려고 했던 것 같다"라고 말했다.
은골로는 자신의 힘으로 새로운 장을 열어 젖힌 것이다.

03

캉에서 빛나다

은골로는 2013-14시즌을 앞두고 당시 리그두(2부리그)에 소속되어 있던 구단
SM캉(Stade Malherbe Caen, 스타드 말레르브 캉)과 3년 계약을 체결했다.
불로뉴-쉬르-메르에서 활약할 때 많은 프랑스 팀과 벨기에 팀이 은골로를
노렸으나 결국 바스 노르망디 지방의 주도인 캉을 연고로 한 SM캉이 승리했다.
캉은 2012년 12월에 먼저 가계약을 진행해 은골로를 묶어뒀다. 앞서도
언급했으나 이적료는 0원이었다.
캉은 리그두에서만 두 차례 우승을 한 팀으로 강호라고 볼 수는 없었다. 다만
팀 창단 100주년을 맞아 리그앙으로 올라가기 위해 좋은 선수를 모으고 있었다.
왕년의 스타 제롬 로텡과 한국 선수 김경중(지롱댕드보르도에서 임대,
현 FC안양 소속)도 당시 캉에 있었다. 구단이 연고로 한 캉은 노르망디의 유서
깊은 도시로 잉글랜드 노르만 왕조의 시조인 정복왕 윌리엄(노르망디
공작으로는 기욤 2세(Guillaume II)가 묻힌 곳이기도 하다.
파트리스 가랑드 감독은 은골로를 중원에 기용했고, 그는 박스 투 박스
미드필더로 그라운드를 누볐다. 더 수준이 높고 규모가 있는 팀으로 옮겼으나
은골로는 여전히 조용했다. 팀 주전 공격수 마티외 뒤아멜은 은골로와
훈련장에서 만나면 어떤 일이 벌어지는 자세히 설명했다.

"아침이면 은골로는 학생들이 메는 백팩에 매번 같은 축구화를 들고 훈련장에

엄청난 체력을 지녔으며, 상대를 괴롭힐 수 있는 능력과 공 탈취 능력
그리고 절대로 피곤해지지 않고 끊임없이 달릴 수 있는 능력을 지녔다.
바로 스타드 말레르브 캉이 제대로 돌아가는 데 필수적인 요소가 됐다…
많은 전문가들이 그가 지닌 더 밝은 미래를 인정한다.
동료와 코칭 스태프는 '정말 천재적인 선수'라며 입을 모은다.

프랑스 일간지 '우에스트 프랑스' 기사

은퇴를 하는 등 뒤숭숭한 일을 겪기도 했지만 은골로가 중원에서 버티고 뒤아멜이 23골을 터뜨리면서 3위를 차지해 리그앙으로 승격했다.

전 경기(38경기)에 출전해 2골과 도움 3개를 기록한 은골로는 2012-13시즌에 4부리그에서 최고 선수로 선정된 데 이어 2013-14시즌에는 프랑스프로축구선수협회(UNFP) 시상식에서 리그두 베스트 11에 선정됐다. 당시 프랑스 일간지 '우에스트 프랑스'는 "은골로 캉테, 이번 시즌의 대단한 발견"이라는 제호를 쓰며 은골로를 극찬했다.

리그앙에서도 은골로는 멈추지 않았다. 그는 에비앙TG와 격돌한 개막전에서 첫 골을 터뜨리면서 자신의 이름을 확실하게 알렸다. 승격팀인 캉은 시즌 내내 매우 경제적인 축구를 했다. 점유율을 내주고 수동적으로 경기하다가 공을 빼앗으면 빠르고 효과적으로 역습을 펼쳤다. 13위로 시즌을 마쳤을 때 팀 득점 기록은 54골이었는데 이는 파리생제르맹, 올랭피크드마르세유, 올랭피크리옹에 이은 리그 4위에 해당했다. 게다가 원정 성적으로는 7위였다. 평균 점유율과 볼터치 회수는 리그 최하위권이었으나 크로스와 슈팅은 리그 최고였다.

이는 은골로를 보유했기에 가능한 일이었다. 그는 캉의 허리에서 공격과 수비를 잇는 다리 역할을 했다. 은골로는 해당 시즌에 경기당 태클 4.8회를 성공했다. 이는 그 시즌 유럽 5대 리그에서 가장 높은 기록이었다.

'골닷컴 프랑스'는 시즌 초반에 이미 은골로를 "작은 천재"라고 표현했다. 이 매체는 "그는 현대 미드필더가 지녀야 할 모든 재능을 모두 가지고 있다"라며 공격과 수비 모든 측면에서 뛰어나다고 평가했다. 마지막에는 과거에 하부리그에서 올라와 리그앙을 평정한 이들처럼 될 수 있다며 "캉테와 마찬가지로 불로뉴를 거친 프랑크 리베리도 그랬다. 아름다운 이야기는 끝나지 않았다"라고 썼다.

리베리는 2000년 4부리그 소속인 불로뉴에 입단해 2시즌 동안 뛰었다. 그는 이후 2시즌 동안 역시 아마추어 레벨에 있던 올랭피크알레와 스타드브레스투아를 거친 뒤 2004-05시즌에야 리그앙 소속 FC메츠에 입단했다. 이후로는 놀라운 성장을 거듭하며 결국 프랑스 최고 선수가 됐다. 리그앙에서 첫 시즌을 소화한 은골로를 보면서 리베리를 떠올렸다는 건 의미가 크다. 은골로는 이미 상당히 높은 곳에 올랐다.

왔다. 그에게 말을 걸지 않으면 아무 말도 들을 수 없었다. 누군가 '은골로 오늘 어때?'라고 물으면 그는 항상 같은 대답을 한다. '조용히, 조용히 해줘!"

캉은 AC밀란과 대결한 창단 100주년 기념 경기에서 3-0으로 이긴 뒤 정규 시즌에 돌입했고, 개막 후 3연승을 달렸다. 은골로는 2라운드 라발 경기에서 선제골을 터뜨리며 2-1 승리를 이끌기도 했다. 이후 3연패에 빠지고, 10월에는 베테랑 플레이어 로텡이 시즌 중 갑자기

상위권 팀에서 뛰지 않지만,
대표팀에 뽑힐 자격이 있는 선수들이 있다.
예를 들어 캉 미드필더 은골로 캉테는 모든 걸 다 가졌다.
그는 클로드 마켈렐레보다 더 나은 선수가 될 것이다.
마켈렐레처럼 공을 잘 탈취하고 상대 공격수를
괴롭히는 것은 물론이고, 그보다 전진하는 능력이
더 뛰어나기 때문이다.

프랑크 실베스트르 전 프랑스 국가대표

캉은 은골로가 지닌 가치를 누구보다 잘 알았기에 시즌 중간에 계약기간을
2018년까지로 연장했다. 현지 언론들은 캉이 시즌을 마친 뒤 은골로를 빅리그에 있는
팀에 높은 이적료를 받고 팔 생각을 하고 있다고 예측했다. 시즌이 막바지로 치닫던
2014년 3월, 과거 프랑스 대표팀에서 활약했던 프랑크 실베스트르는 프랑스에서 가장
저명한 스포츠 일간지 '레키프'에 쓴 칼럼에서 은골로는 대표팀에 선발될 정도의
실력을 지녔으며 향후 클로드 마켈렐레보다 나은 선수가 될 수도 있다고 평가했다.
시즌이 끝나자 많은 팀이 은골로 영입에 뛰어들었다. 올랭피크드마르세유,
올랭피크리옹, 잉글랜드의 웨스트햄이 적극적으로 나섰다. 그 중에서도 마르세유가
가장 강하게 나왔다. 캉은 마르세유가 던진 이적료 600만 유로를 거절했다.
2015년 7월 31일, 은골로를 최종적으로 데려간 팀은 잉글리시프리미어리그 소속
레스터시티였다. 레스터시티는 800만 유로의 이적료를 내밀었다(1,200만 유로라고
주장하는 매체도 있다). 이는 캉 구단 역사상 최고 이적료 수입이었다. 캉은 은골로를
데려올 때 이적료를 단 한푼도 지급하지 않았다. 은골로는 레스터시티와 4년 계약을
맺었다. 그의 첫 해외 이적이었다.
불로뉴에서 전동 킥보드를 타고 다녔던 은골로는 2013년에 캉에 입단한 뒤 받은
첫 월급으로 르노 메간 2세대를 중고로 구입했다. 많은 동료들이 스포츠카를
선택했으나 은골로는 사치와는 거리가 멀었다. 그는 생각보다 일찍 프랑스와 캉을
떠나게 되어 겨우 2년여 만에 첫 차 메간 2세대를 팔아야 했다. 은골로는 잉글랜드로
넘어간 이후에는 미니 쿠퍼로 갈아탔다. 연봉은 엄청나게 뛰었으나, 그는 왼쪽에서
오른쪽으로 바뀐 운전석에 적응하는 것 이외에는 차에 별다른 관심이 없었다.
2011년에 프랑스 9부리그 팀에서 뛰던 은골로는 3년 만에 리그앙으로 올라섰고,
다시 1년 뒤에는 모든 축구 선수가 바라는 꿈의 무대 프리미어리그에 진입했다.

불 로 뉴 와
캉 이 키 운
스타들

은골로 캉테는 많은 팀으로부터 외면 받았으나 US불로뉴와 SM캉에서 성장했다.
두 팀은 모두 명문, 강호, 빅클럽이라는 수식을 붙이기 어렵지만 캉테를 비롯한 많은 선수를 키워냈다.
상대적으로 작은 팀이었으나 다른 팀들이 보지 못한 진주를 보는 눈은 있었다.
특히 캉은 프랑스축구협회가 발표한 2020-21시즌 육성시스템 평가에서 별 3.5개를 받았다.
2부리그인 캉보다 더 좋은 평가를 받은 구단은 5개(파리생제르맹, 리옹, AS모나코, 스타드렌, 툴루즈)뿐이었다.
성적 이상의 성과를 만들어온 두 구단 불로뉴와 캉, 그리고 그들이 배출한 스타들을 소개한다.

US Boulogne

SM Caen

공식명칭	공식명칭
유니온 스포르티브 드 불로뉴-쉬르-메르 코테 도팔	**스타드 말레르브 캉**
Union Sportive de Boulogne-sur-Mer Côte d'Opale	Stade Malherbe Caen
창단	창단
1898년	**1913년**
상징색	상징색
레드 & 블랙	**네이비 & 레드**
홈 경기장	홈 경기장
스타드 드 라 리베라시옹	**스타드 미셸 도르나노**
(9,534명 수용)	**(20,300명 수용)**
구단주	구단주
레이놀드 들라르트르	**올리비에 피케우**
감독	감독
스테판 조바르	**스테판 뮬랭**
소속 리그	소속 리그
Championnat National 2	**Ligue 2**
(샹피오나 내셔널 2: 4부리그)	**(리그 두: 2부리그)**
주요 출신 선수	주요 출신 선수
은골로 캉테	**은골로 캉테, 윌리암 갈라스**
프랑크 리베리	**제롬 로텡, 토마 르마르**

*
2009-10 시즌 이후 1부리그 리그 앙에 소속되지 못하고 있음.

*
2018-19 시즌 이후 1부리그 리그 앙에 소속되지 못하고 있음.

Franck Ribery

프랑크 리베리

US BOULOGNE 1999~2002
PROFILE 1983년생, US살레르티나(이탈리아 세리에A)
CAREER 올랭피크드마르세유-바이에른뮌헨, 프랑스 대표 81경기 16골

'나폴레옹' 프랑크 리베리는 불로뉴-쉬르-메르에서 태어났다. 그는 고향을 대표하는
팀에서 1999년부터 2002년까지 뛰었다. 동네 팀인 FC콩티에서 활약하다 12세에
OSC릴 유소년팀에 입단했으나 학업 부진과 행실 문제로 4년 뒤에 퇴단했다. 결국
불로뉴에 입단했고, 2000년에 4부리그에서 데뷔했다. 그는 불로뉴 유니폼을 입고 3부와
4부에서 28경기에 출전해 6골을 터뜨렸다. 그는 당시에 팀에서 월급 150유로를 받으며
뛰었다. 불로뉴 감독은 리베리가 지닌 드리블 능력을 높이 샀다. 그는 2002년 연봉
인상 요구가 받아들여지지 않자 올랭피크알레로 팀을 옮겼다. 많은 시간이 지났지만,
리베리는 여전히 불로뉴와 관계를 이어가고 있다. 가족들이 살고 있기 때문에 1년에
3~4차례 고향을 방문한다. 불로뉴 구단은 2020년에 홈경기장 스타드 드 라 리베라시옹
북쪽 스탠드에 프랑크 리베리라는 이름을 붙였다.

William Gallas

윌리암 갈라스

SM CAEN 1994~1997
PROFILE 1977년생, 은퇴
CAREER 첼시-아스널-토트넘, 프랑스 대표 84경기 5골

한국으로 치면 경기도라고 할 수 있는 일-드-프랑스 지방 빌뇌프-라-가렌에서 태어난 윌리암 갈라스는 10살 때부터 축구를 시작했다. 그는 공격수로 재능을 인정 받아서 라싱92를 거쳐 클레르퐁텐INF(국립축구연구소)에 들어간다. 그때까지는 골잡이로 뛰면서 티에리 앙리, 제롬 로텡과 발을 맞췄다. 이후 캉 17세 이하 팀에 입단했는데 감독은 갈라스가 공격적인 재능이 그리 뛰어나지 않다는 걸 파악하고 중앙 수비로 포지션을 바꿨다. 그때부터 갈라스는 빠르게 성장하면서 모든 수비 포지션을 섭렵했다.

특히 갈라스는 정신력이 매우 좋아서 월반을 거듭했다. 그는 1995-96시즌을 앞두고 성인팀 감독인 피에르 만코프스키 눈에 들었다. 갈라스는 만 18세에 2부리그에서 프로 데뷔전을 치렀고, 주전 자리를 차지했다. 캉은 그 시즌에 2부 1위를 차지하며 1부로 승격했다. 당시 2위는 승부조작 때문에 2부에 있던 올랭피크드마르세유였다. 갈라스는 1996-97시즌을 캉에서 보낸 뒤, 1997-98 시즌을 앞두고 마르세유로 이적했다.

제롬 로텡

SM CAEN 1994~2000 / 2013
PROFILE 1978년생, 은퇴
CAREER AS모나코, 파리생제르맹, 프랑스 대표 13경기 1골

로텡은 파리 북쪽에 있는 교외 지역에서 자랐다. 그는 어렸을 때부터 재능을 보였는데
특히 창의적인 패스가 일품이었다. 로텡은 1991년에 클레르퐁텐INF에 들어갔다. 당시
800명 중에서 24명만 합격했는데, 티에리 앙리, 니콜라 아넬카, 윌리엄 갈라스 등과
함께 입교를 허락받았다. 그는 주말에는 소속팀인 FC베르사유로 돌아와 뛰었는데,
1992-93시즌 U-15 전국대회 8강에서 파리생제르맹에 0-2로 패하던 경기를 도움 3개로
뒤집으며 큰 관심을 받았다. 그는 1994년에 당시 2부에 있던 캉의 유소년팀에 입단했다.
꾸준히 캉에서 성장하다 19세인 1997-98시즌에 2부에서 프로로 데뷔했다. 그는 첫 시즌
부터 23경기에서 3골을 터뜨렸고, 3시즌 동안 캉에서 뛰면서 98경기를 소화하며 11골을
넣었다. 1999-2000시즌에 2부리그 베스트11에 선정된 로텡은 2000-01시즌에 1부였던
트루아로 이적했다. 첫 시즌에 30경기에 출전해 4골과 도움 6개를 올렸다.

Thomas Lemar

토마 르마르

SM CAEN 2010~2015
PROFILE 1995년 생, 아틀레티코마드리드(스페인 프리메라리가)
CAREER AS모나코, 아틀레티코마드리드, 프랑스 대표 27경기 4골

르마르는 프랑스 해외 영토인 과들루프 출신이다. 그는 지역팀(Solidarité scolaire de Baie-Mahault)에서 축구를 시작했고, 만 17세였던 2013년에 캉 유소년팀에 입단한다. 캉은 예전에도 과들루프 출신 선수를 많이 영입했기에 선배들 길을 따랐다고 할 수 있다. 그는 친구인 조르당 르보르뉴(현재 리그두 로데 소속)와 함께 본토로 넘어왔다. 르마르는 체구가 작았으나 계속해서 능력을 인정받아 월반을 거듭했다. 2013년에는 프랑스 17세 대표팀에 선발되기도 했다. 당시 캉 유소년팀 감독이었던 필리프 트랑샹은 "4년 전부터 유소년 팀에서 일했기에 다른 이들보다 먼저 르마르를 볼 수 있었다. 그는 다른 선수들 보다 머리 하나가 더 작지만, 특별한 방식으로 공을 다루면서 이목을 사로 잡는다"라고 표현했다. 르마르는 두 달에 한 번씩 부모와 가족을 만나면서도 캉에서 꿈을 실현하고 있었다. 그는 같은 해에 프로 계약을 맺었고, 2013-14시즌 리그두에서 프로로 데뷔했다. 첫 시즌에는 7경기 출전에 그쳤으나 2014-15시즌에는 25경기에 출전했다. 2015-16시즌에는 AS모나코로 이적했으며 2016년에는 처음으로 프랑스 대표팀에도 부름 받았다.

In
England

짧은 기간 내에 프랑스 축구의 중원을 장악해버린 캉테는

리그앙의 강호들은 물론이고 유럽 빅리그의 여러 클럽들로부터 러브콜을 받게 된다.

그리고 잉글리시프리미어리그로 건너간 첫 해에 바로 우승 트로피를 들어올린다.

이듬해 팀을 옮겨 새로운 동료들과 또 다시 챔피언의 자리에 오른다.

이 모든 일이 불과 3~4년 사이에 일어났다는 것이 놀랍다.

""
캉테를 안 쓸 수가 있나?
그는 모든 선수를 지원하러 여기저기 돌아다녔다.
처음엔 왼쪽에 배치했지만 곧 드링크워터와 함께 중앙에 뒀다.
그 조합이 굉장히 좋은 차이를 만들어냈기 때문이다.
캉테는 자신이 플레이하는 경기장을 넘어,
다른 경기장에 있는 공까지 다 빼앗는 것 같다.

클라우디오 라니에리 전 레스터시티 감독

이 친구가 정말
캄비아소 대체자?

2015년 여름, 그다지 환영받지 못한 레스터시티의 신임 감독은 팀 내 최고 스타가 떠난다는 비보와 함께 업무를 시작해야 했다.

고작 7년이 지났지만, 2022년의 레스터와 2015년 당시의 위상은 완전히 딴판이다. 지금은 어엿한 중상위권 팀으로 자리잡은 반면, 당시에는 프리미어리그 잔류를 장담할 수 없는 팀이었다. 1884년 창단한 이래 잉글랜드 1부와 2부를 여러 번 오갔지만 프리미어리그 출범(1992년) 뒤에는 만년 하부리그 구단에 가까웠다. 앞선 세 차례 승격 때에도 모두 한 시즌을 버티지 못하고 바로 강등됐다. 1998년에는 챔피언십(2부)에서도 22위에 그치며 리그원(3부)까지 떨어졌다. 2010년 태국 자본과 손을 잡고, 2014년 챔피언십 우승을 차지하면서 마침내 승격했으며, 프리미어리그 14위로 21세기 첫 잔류에 성공했다.

사실 레스터는 기존 체제가 충분히 듬직했기 때문에 새 감독을 선임할 필요가 없었다. 전임자 나이젤 피어슨 감독이 승격과 잔류의 공신임에도 불구하고 경질된 건 못난 아들 때문이었다. 2015년 구단주의 나라 태국을 방문했다가 유망주 3명이 현지 성매매 업소에서 촬영한 동영상이 유출됐는데 인종 비하와 변태적 성행위 요구 등 심각한 내용이 담겨 있었다. 이것만 해도 이미 큰 문제인데, 당사자 중 한 명이 피어슨 감독의 아들 제임스였다. 구단은 부랴부랴 당사자들을 내쫓은 뒤 피어슨을 경질하고 '땜질 전문가(tinker)' 클라우디오 라니에리를 데려왔다. 라니에리는 대충 상황과 분위기를 수습해야 하는 팀에서는 뛰어난 위기관리 능력을 발휘하지만, 그 이상을 보여준 적은 없는 지도자였다. '가디언' 등 현지 매체는 부정적인 전망을 쏟아냈다.

앞서 말한, 떠나는 최고 스타란 아르헨티나의 에스테반 캄비아소였다. 캄비아소는 고든 뱅크스(1966 잉글랜드 월드컵 우승 당시 주전 골키퍼) 이후 레스터에서 뛴 최고 스타라 할 만했다. 레스터가 '배출'한 스타는 게리 리네커, 에밀 헤스키 등등 여럿이 있지만 엄밀히 말해 다들 팀을 떠난 뒤에 명성을 얻은 경우다. 반면 캄비아소는 어엿한 월드 클래스로 인정받는 상태에서 레스터로 이적한 팀 역사상 최초 인물이었다. 34세 노장 캄비아소는 아르헨티나 국가대표인 동시에

리버플레이트, 레알마드리드, 인테르밀란을 거치며 갈수록 기량이 향상됐다.

캄비아소의 '클래스'는 팀에 큰 영향을 미쳤다. 그는 레스터를 비로소 1부 수준에 걸맞은 팀으로 끌어올린 일종의 선교사였다. 2014-15시즌 잔류 일등 공신이자 팬들이 선정한 '올해의 선수'이기도 했다. 공격수 데이비드 뉴전트는 "캄비아소와 대니 드링크워터가 공을 잘 다루면서 우리를 '축구하는 팀'으로 만들어줬다"고 설명했다.

그런 인물이 1년 계약을 연장하지 않고 떠나겠다는 뜻을 밝히면서 거대한 공백이 발생한 것이다.

모두가 캄비아소의 후임 미드필더를 찾아야만 했는데, 이 대목에서 주연으로 등장하는 사람이 스티브 월시 수석코치 겸 영입 총괄이다. 1990년대 레스터시티의 최고 스타로서 '캡틴 판타스틱'이라는 별명까지 있었던 레전드 선수와는 동명이인일 뿐이니 혼동하지 않길 바란다. 월시는 전문 스카우트로서 첼시 시절 지안프랑코 졸라와 디디에 드로그바 등 성공적인 공격수 영입의 공을 세웠고, 뉴캐슬을 거쳐 레스터에서 일하고 있었다. 그는 앞선 시즌 프리미어리그에서 '5골이나' 넣은 제이미 바디(다음 시즌 24골)와 '4골이나' 넣은 리야드 마레즈(다음 시즌 17골)를

헐값에 데려오면서 안목을 인정받은 상태였다. 그래서
피어슨 라인의 인물임에도 불구하고 함께 경질되지 않고
자리를 보전할 수 있었다. 첼시 시절 호흡을 맞췄던
라니에리와 재회한 월시는 캄비아소의 대체자로영 엉뚱한
선수를 내밀었다.

그게 은골로 캉테였다. 라니에리는 사실 캉테가 누군지 잘
몰랐다. 라니에리는 단 1년 전까지 프랑스 리그에서
AS모나코를 지휘하고 있었지만, 그때 캉테는 2부인
리그두에서 뛰는 신세라 서로 만날 일이 없었다. 반면
월시는 라니에리가 놓친 지난 1년 동안 캉에서 두각을

나타낸 캉테를 관찰하기 위해 심복인 데이비드 밀스를
여러 번 보냈다. 캉테가 얼마나 좋은 선수인지 알 수 있는
하이라이트와 일목요연한 포트폴리오까지 잘 마련되어
있었다. 그런데 라니에리가 탐탁찮은 반응을 보였다.
너무 작고 공격 전반을 아우르는 지휘 능력이 떨어지는
캉테는 플레이메이커였던 캄비아소와 다른 점이 너무나도
많았다. 라니에리가 원했던 선수는 페예노르트의 요르디
클라시였는데 이미 네덜란드 대표라는 점과 동료들을
지휘할 수 있는 테크닉까지 볼 때 훨씬 확신이 가는
선수였다. 하지만 월시는 라니에리를 졸졸 따라다니면서

"칸테, 칸테, 칸테"라고 졸라댔다고 한다. 클라시는 칸테와 비슷한
시기에 사우샘프턴으로 이적하며 역시 프리미어리그 도전에
나섰지만, 2년 만에 도태돼 네덜란드 무대로 돌아갔다.
윌시의 간청을 받아들여 마침내 칸테를 영입한 뒤에도 라니에리의
망설임은 끝나지 않았다. 알고는 있었지만, 사 놓고 직접 보니
168cm 칸테가 더 작아 보였던 것이다. 라니에리는 프리 시즌에
칸테를 측면 미드필더로 먼저 테스트했다. 이 점도 뒤에 이야기할
대선배 클로드 마켈렐레와 칸테의 공통점 중 하나다. 어차피
주전감으로 괴칸 인레르가 영입돼 있었기 때문에 칸테 활용법은
천천히 고민해도 괜찮았다.
인레르는 세리에A에서 높은 평가를 받은 32세 노장 미드필더였다.
여러모로 캄비아소와 비슷한 이력서를 가진 직속 후임이었다.
개막을 단 5일 앞두고 영입된 칸테는 시즌 초 교체 멤버에 머물렀고,
중원 조합은 터줏대감인 대니 드링크워터와 앤디 킹이 맡았다.
인레르가 부상으로 빠졌지만 하필 칸테의 적응기와 맞물린 탓이었다.
라니에리는 경기의 승부가 기운 막판이라 해도 칸테에게 중앙
미드필더의 중책을 맡기려 들지 않았다. 보통 스트라이커와 교체
투입해 막판 굳히기 수비 강화용으로 썼다. 토트넘홋스퍼를 상대한
경기에서는 주전 왼쪽 미드필더였던 마크 올브라이턴과 교체돼
실전에서도 왼쪽 윙어 포지션을 약 15분 동안 소화했다.
칸테는 4-4-2의 중앙 미드필더가 아닌 다른 역할로 먼저 선발
기회를 잡았으며, 그때마다 자신이 왜 중원에 쓰여야 하는지
보여주곤 했다.
첫 선발 경기였던 4라운드 본머스 전에서 미드필더를 늘린
4-1-4-1 포메이션이 가동되면서 마침내 칸테가 선발 데뷔전을
갖게 됐다. 킹이 뒤에서 지원하고 칸테와 드링크워터가 앞에 서는
역삼각형 미드필드 구성이었다. 칸테는 이날 공 탈취를 무려 10회,
가로채기를 5회나 기록했는데 둘 다 양팀 출전선수들 중 최다였다.
특히 공 탈취는 2위 선수들의 2.5배나 됐다. 이어서 6라운드
스토크시티 원정에서 두 번째로 선발 출장했을 때는 왼쪽 측면을
맡게 됐는데, 공 탈취 6회와 가로채기 7회로 다시 한 번 경기
최다기록을 가져갔다. 측면 미드필더가 중앙 미드필더보다 높은
중원 장악력을 보여준 기현상이 나타난 것이다. 그 다음 경기인
아스널전에서 칸테가 처음 드링크워터와 중원을 맡아 시즌 첫 패배를
당하긴 했지만, 경기 결과와 상관없이 자명해진 사실이 있었다.
이 팀에서 가장 뛰어난 미드필더는 칸테라는 것이었다.
앞으로 칸테를 중원의 핵심으로 활용해야만 했다. 물론 라니에리는
칸테의 중용을 통해 팀의 반짝 상승세를 조금 연장시키는 효과 정도를
기대했다. 그 상승세가 1년 내내 이어져, 숱한 명문 구단에서도
달성하지 못한 자신의 커리어 첫 우승이 되리라고는 꿈에도 몰랐다.

21세기 영국 축구에서
가장 놀라운 우승

6경기 무패라는 호조로 시즌을 시작하는 레스터시티를 보면서 상위권 등극을
기대하는 건 자연스러웠지만, 최종 목표가 우승이라고 생각한 사람은 없었다.
그건 라니에리 때문이기도 했다. 그는 누구나 좋은 감독이라고 인정하지만,
누구도 우승할 리 없다고 치부하는 지도자였다. 레스터 부임 당시 라니에리는
하부리그나 컵대회 우승만 9회 경험했을 뿐 정규리그에서는 첼시, AS모나코,
AS로마를 이끌고 모두 준우승을 거둔 것이 최고 성적이었다. 강호 발렌시아,
아틀레티코마드리드, 유벤투스, 인테르 등을 지휘했을 때도 우승과는 거리가 먼
사람이었다.

그해 여름은 축구사에 길이 남을 정도로 성공적이었다. 레스터가 잘 영입한 건
캉테 한 명에 그치지 않았다. 반년 전 스토크시티에서 임대 영입했던 수비수
로베르트 후트를 완전 영입하는 데 성공했다. 첼시 출신이기 때문에 라니에리와는
구면이었다. 샬케04의 스타 레프트백 크리스티안 푸흐스, 마인츠05에서 뛰던
일본 대표 공격수 오카자키 신지가 합류했다. 앞선 시즌 염가에 확보해둔
카스퍼 슈마이켈, 바디, 마레즈, 올브라이턴과 시너지 효과를 낼 선수들이었다.
그리고 시즌 초반의 실험을 거쳐 은골로 캉테가 마침내 대니 드링크워터의
미드필더 파트너로 이동했다. 라니에리 감독은 훗날 "캉테를 안 쓸 수가 있나?
그는 모든 선수를 지원하러 여기저기 돌아다녔다. 처음엔 왼쪽에 배치했지만 곧
드링크워터와 함께 중앙에 뒀다. 그 조합이 굉장히 좋은 차이를 만들어냈기

때문이다"라고 설명했다. 캉테가 자리를 잡으면서 레스터 주전 라인업이 완성됐다. 바디의 투톱 파트너로 주로 나서는 건 오카자키였다. 미드필더는 왼쪽부터 올브라이턴, 드링크워터, 캉테, 마레즈로 구성됐다. 포백은 푸흐스, 후트, 웨스 모건, 대니 심슨의 조합이었고 골키퍼는 슈마이켈이었다.

캉테는 초반 5경기 중 4경기에 교체 투입됐지만 그 뒤로는 선발 멤버로 뿌리를 내렸다. 10월 노리치시티 원정에서 첫 도움을 기록했다. 공격의 중심 마레즈가 빠진 경기였는데, 대신 기용된 오카자키가 부지런히 전방압박으로 속공 기회를 만들어주고 캉테의 재빠른 연계 플레이가 제프리 슐루프의 골로 이어졌다.

조화로운 팀이었다. 바디는 탁월한 전방 침투와 득점 감각을 발휘하며 8부 리그 출신이 프리미어리그 득점 2위로 성장하는 기적을 만들어냈다. 마레즈는 오른쪽 측면에서 전방으로 질주하며 강력한 왼발 킥을 날려댔는데, 바디와 마레즈만으로도 수많은 팀을 쓰러뜨릴 수 있었다.

올브라이턴은 깔끔한 페인팅에 이은 크로스와 성실한 측면 움직임으로 마레즈의 반대쪽을 책임졌다. 스포트라이트는 받지 못했지만 자메이카 대표 수비수 웨스 모건은 전경기 풀타임을 소화하며 온화한 리더십을 발휘해 라니에리 감독으로부터 발루('정글북'의 곰 캐릭터)라는 애정 넘치는 별명을 하사받았다.

캉테는 11월 왓퍼드전에서 레스터 소속으로 처음이자
마지막인 골을 터뜨렸다. 상대 문전에서 흘러나오는 공을
캉테가 따냈는데, 수비수들이 달려들 때 현란한 드리블로
현혹시키더니 2명 사이에서 기습적인 아웃프런트 슛을
날렸다. 에우렐류 고메스 골키퍼의 실수와 겹쳐 들어간
골이긴 하지만 캉테가 예측할 수 없는 타이밍에서 슛을
시도한 것도 영향을 미쳤다.

레스터는 12월 열린 16라운드 홈 경기에서 첼시까지
잡아내면서 돌풍의 팀을 넘어 어엿한 우승후보로 거론되기
시작했다. 그 전까지 레스터의 대진운이 다소 좋은
편이었고, 유일한 강호 아스널을 상대로는 패배했기 때문에
순위에 거품이 끼었다는 혹평도 있던 시점이었다. 확실히
지난 시즌 우승팀 첼시는 버거운 상대였다. 이날 레스터
선발 멤버 중 패스 성공률 70%를 넘긴 건 캉테
한 명뿐이었다. 캉테는 드리블 성공률 100%로 3회를 기록해
직접 공을 운반하는가 하면 공 탈취 7회라는 놀라운 수치로
상대의 패스워크를 혼자 저지했다. 캉테의 압도적인
활동량을 바탕으로 바디와 마레즈가 속공을 성공시키는
전술이 강팀을 상대로도 충분히 통한다는 것을 확인했다.

경기 후 라니에리는 "캉테는 이 경기장을 넘어 다른
경기장에 있는 공까지 다 빼앗은 것 같다"고 이탈리아인다운
수사법으로 칭송했다.

다음 고비는 박싱데이 기간이었다. 레스터는 박싱데이가
시작할 때 1위를 지키고 있었지만, 유독 버거운
프리미어리그 특유의 연말연시를 버티지 못하고 나가떨어질
거란 비관론을 잠재워야 했다. 박싱데이 당일 열린
리버풀과의 경기에서 패배한 시점에는 3경기 무승의
슬럼프에 빠졌다.

이때 레스터 입장에서 다행이었던 건 추격해오는 강호들
역시 허약하긴 마찬가지였다는 점이었다. 레스터가 패배한
뒤, 2위 아스널이 승리를 거둔다면 선두 자리가 뒤바뀔
수도 있었다. 그런데 아스널 역시 사우샘프턴 상대로
충격적인 0-4 대패를 당하며 추격할 동력을 잃어버렸다.
아르센 벵거 감독이 말년을 보내고 있던 아스널은 차라리
사정이 나은 편이었다. 맨체스터시티는 펩 과르디올라 감독
부임 직전 가장 어두운 시간을 보내고 있었다.
맨체스터유나이티드는 앞선 시즌과 마찬가지로 루이스 판할
감독이 좌충우돌하는 중이었다. 리버풀은 시즌 도중 클롭
감독이 부임해 겨우 팀을 수습하던 시기였다. 가장 심각한
건 디펜딩 챔피언 첼시였는데, 주제 무리뉴 감독이 3년차에

모든 동료들의 활약은 캉테의 압도적인 장악력에 조금씩
빛진 부분이 있었다. 레스터의 선두 질주를 구경하는
사람들은 먼저 바디와 마레즈에게 주목했지만, 캉테는
탁월한 영향력을 통해 스포트라이트를 빼앗아왔다. 캉테가
조연이 아닌 공동 주연으로 올라서기 위해 긴 시간은
필요하지 않았다. 물론 캉테는 골 장면에 등장하지는 못했다.
그러나 90분을 모두 지켜본 사람이라면 캉테가 가장
인상적인 선수일 수밖에 없었다. 10월에 크리스털팰리스를
꺾었을 때도 마레즈와 바디가 유일한 골을 합작했지만,
캉테는 골 대신 공 탈취 3회, 가로채기 5회, 걷어내기 4회,
패스 성공률 91%, 드리블 성공 1회를 기록하며 이목을
집중시켰다.

심각한 리더십 붕괴를 겪으며 거스 히딩크 감독으로
교체되고 말았다. 첼시는 이 시즌 리그 10위에 그쳤다.
이처럼 다른 팀들의 부진이 겹치면서 레스터의 활약은
곧 순위 상승으로 직결되었다. 하늘이 내린 우승 적기였던
것이다. 박싱데이 일정 이후 모든 경기를 통틀어 레스터는
아스널 원정 한 경기만 패배했다. 다시 말하면 맨시티, 맨유,
첼시 원정에서 모두 패배를 면했다. 특히 25라운드 맨시티의
에티하드 스타디움에서 3-1로 이긴 건 상징적이었다.
당시 맨시티가 완성도 높은 팀이 아니었지만 중원만큼은
야야 투레, 페르난지뉴가 건재했기 때문이다. 캉테와
드링크워터는 스타들과 정면 대결을 벌여 완승을 거뒀다.
170cm도 안 되는 캉테는 188cm 투레, 179cm 페르난지뉴
의 압박을 뚫고 경기 선발 선수 중 1위인 패스성공률 94%를
기록했다. 드리블을 통한 공 운반을 6회 시도해 4회
성공했으며 공 탈취(7회)와 가로채기(5회)는 당연히 경기
1위였다. 캉테는 드리블에 이은 스루 패스로 마레즈의 골을
돕기도 했다.
캉테는 부상 회복도 빨랐다. 2월 마지막 경기였던
노리치시티전에서 햄스트링 부상으로 교체됐는데, 2경기
정도는 결장할 거라는 전망이 제기됐다. 다음 경기에서
캉테 없는 레스터는 웨스트브로미치 상대로 중원을
장악하지 못하고 무승부에 그쳤다. 캉테는 1경기만 쉬고
왓퍼드 원정에서 바로 복귀했다. 그러자 힘을 얻은 레스터는
5연승을 내달렸다. 캉테는 시즌 초반 4회 교체 투입된 것과
부상으로 1경기 빠진 것을 제외하면 33경기에 선발
투입됐으며, 그 중 31경기에서 풀타임을 소화했다.
레스터는 결국 우승을 차지했다. 2010년 이후 전세계에서
가장 극적이고 거짓말 같은 우승이라고 해도 과언이
아닐 것이다. 21세기 4대 빅리그에서 레스터만큼 작은
규모의 팀이 우승한 예는 더 없었다. 라니에리 감독은 훨씬
화려한 선수단으로도 우승하지 못하는 저주에 걸려
있었는데, 아무도 예상하지 못한 곳에서 구마에 성공했다.
시즌이 끝나고 수많은 빅클럽이 레스터의 주요 선수들을
갈기갈기 뜯어갈 듯 보였지만, 우승을 맛본 선수단의
만족감과 태국 자본의 지원은 꽤 강했다. 역사를 만들어낸
레스터시티 우승 멤버들의 해체는 몇 년에 걸쳐 서서히
진행됐다. 다만 한 명, 캉테만큼은 유독 많은 구단으로부터
거부할 수 없는 수준의 러브콜을 받고 있었다. 레스터는
계약기간이 3년이나 남은 캉테의 재계약을 추진했지만
캉테 측은 그럴 생각이 없었다.

콘테의 마지막 퍼즐

우승 세리머니를 마친 캉테 앞에 2016년 여름 이적시장이 활짝 열렸다.
레스터시티 선수들의 신분이 프리미어리그 챔피언으로 상승한 것과 그들이
보여준 훌륭한 실력에 비하면 연봉이나 이적료 모두 염가에 가까웠다. 그 중
핵심이 캉테라는 건 어떤 문외한이 봐도 명백했다. 캉테는 첼시, 아스널, 그리고
프랑스 대표급 선수를 간절히 원했던 리그앙 파리생제르맹(PSG)의 관심을 받았다.
특히 PSG는 프랑스 절대강호로 올라서 리그 4연속 우승을 달성한 후였기에
더 큰 도전을 위한 선수단 개혁이 필요한 시점이었고 재정 상태 역시 튼튼했다.
첼시가 캉테를 손에 넣는 과정에는 나중에 밝혀진 우여곡절이 두 가지 있었다.
첫 번째는 캉테 에이전트가 요구한 큰 규모의 수수료였다. 첼시가 레스터에 지불한
이적료는 3,200만 파운드로 비교적 적었지만, 얽혀 있는 두 에이전트가 각각
640만 파운드와 420만 파운드를 요구했다. 요구를 모두 들어줄 경우 이적료에
수수료를 더한 비용은 25%나 상승한 4,260만 파운드였다. 구단들은 이적료
상승보다 수수료 지급을 더 아까워하는 경우가 많다. 마리아 그라놉스카야
디렉터가 로만 아브라모비치 회장에게 특별히 따로 보고했을 정도로 난감한
조건이었지만 결국 첼시는 이를 수락했다.
당시 경쟁 상대였던 아스널은 이적료가 조금 더 높은 편이었지만 에이전트
수수료가 적은 그라니트 자카 영입으로 선회하는 우를 범하고 말았다. PSG 역시
캉테 몸값을 쪼개 그제고슈 크리호비아크와 지오바니 로 셀소 2명을 영입하기로

했다. 꼭 캉테를 놓쳐서는 아니겠지만 2016-17시즌 아스널은 20년 만에 4강에서 밀려났고, PSG는 4년 만에 우승을 놓쳤다.

두 번째 우여곡절은 캉테의 정직한 성품을 잘 보여준다. 캉테는 축구계의 위키리크스인 풋볼리크스의 폭로 덕분에 오히려 미담이 밝혀진 드문 사례의 주인공이다. 훗날 나온 폭로에 따르면, 첼시는 캉테 영입을 앞두고 절세 전략을 세웠다. 캉테가 레스터를 떠나려 하는 시기, 에이전트는 유명한 조세피난처인 저지 섬에 유령회사를 설립했다. 첼시는 연봉의 일부를 초상권으로 전환하고 이를 유령회사를 거치게 함으로써 세금을 피하려 했다.

그런데 캉테가 완강하게 거부했다. 캉테는 불법의 여지가 있는 일은 절대 안 된다는 입장이었다. 첼시 입단 이후에도 계약 세부사항이 정리될 때까지 더 적은 연봉을 수령하는 것을 감수했다. 1년 넘게 줄다리기가 이어지면서 밀린 액수는 100만 파운드가 넘었다. 결국 첼시가 백기를 들고 밀린 연봉을 주면서 세금은 분담하는 것으로 결론을 냈다.

서런던으로 이주한 캉테가 만난 새 감독은 이탈리아의 스타 미드필더 출신인 안토니오 콘테였다.

콘테는 유벤투스 부임 직후와 마찬가지로 4-2-4 포메이션을 시도했다. 공격수가 4명이나 되는 과격한 전술로 보이지만 사실 4-4-2보다 좌우 윙어를 적극적으로 공격에 가담시키고, 수비 공백은 전방 압박으로 해결한다는 복안이었다. 콘테가 이탈리아 2부에서 바리를 우승시켰을 때 통했던 방법이다. 그러나 2010년 유벤투스에 부임했을 때 4-2-4가 통하지 않자 재빨리 스리백으로 전환한 사례가 있었는데, 첼시에서도 마찬가지였다.

4-2-4가 비현실적이라는 걸 알고 4-3-3과 4-2-3-1을 시도해봤는데, 초반 3연승 이후 3경기에서 1무 2패에 그치자 콘테는 포백을 버리기로 했다. 그리고 이탈리아 출신 전술가답게 재빨리 해답을 찾았다.

해답은 3-4-3 포메이션이었다. 콘테는 마지막으로 포백을 썼던 6차전에서 아스널에 0-3으로 대패했다. 7차전부터 스리백으로 전환해 13연승을 달리면서 곧장 우승을 향해 달려갔다. 후반기에는 아스널 상대로 스리백을 써서 3-1 승리로 복수에 성공했다. 그러자 시즌 막판 FA컵 결승전에서 아스널 역시 스리백으로 나와 첼시에 재복수를 했다.

1,000경기 넘게 포백만 쓰던 아르센 벵거 감독이 스리백을 썼다는 건 굉장히 파격적인 일이었다. 당시 첼시의 전술이 얼마나 효과적이었는지 단적으로 보여준다.

첼시 성공의 중심에는 미드필더 숫자가 줄어들수록 오히려 장악력이 높아지는 캉테가 있었다. 캉테는 마티치와 짝을 이뤄 매 경기 빛났다. 압도적인 존재감이었다. 팀 전술이 어느 정도 자리잡은 뒤 캉테 특유의 플레이가 본격적으로 나오기 시작했는데, 팀 포메이션상 후방에서 수비만 해야 할 것 같은데도 갑자기 상대 센터백 앞에 나타나 전방 압박을 가하는 플레이가 대표적이다. 그럴 때 캉테는 수비하는 입장인데도 진흙투성이 가자미가 아니라 화려한 도미처럼 보였다. 3년 전까지 프랑스 9부 리그에서 뛰던 선수가 세계에서 가장 부유한 팀의 핵심 멤버로서 축구계의 슈퍼 엘리트들을 박살내고 있었다.

그 중에서도 특히 눈에 띈 순간들이 존재했다. 10월, 첼시는 맨체스터유나이티드에 4-0 대승을 거뒀다. 캉테는 상대 수비수 두 명 사이를 기습적인 드리블로 빠져나간 뒤 다비드 데헤아 옆으로 툭 차 넣는 숏을 성공시켰다. 첼시 데뷔골이자 시즌 유일한 리그 득점이었다. 팀 내 가장 많은 볼 터치와 패스 성공률 88%, 키 패스 2회, 드리블 성공 1회, 공 탈취 3회, 가로채기 5회 등 초인적인 장악력은 여전했다. 맨유는 폴 포그바, 마루앙 펠라이니, 안데르 에레라 3명으로 중원을 꾸렸지만 캉테와 마티치 2명에게 철저히 제압당했다. 자신을 내친 팀에 복수하고 싶었던 주제 무리뉴 맨유 감독은 구겨진 얼굴을 붉히며 경기장을 빠져나갔다. 캉테는 맨유 상대로 유독 강했다. 시즌 후반기 FA컵에서 맨유와 재회했을 때는 중거리 숏으로 첼시 2호 골을 달성하며 1-0 승리를 이끌었다.

이듬해 3월 웨스트햄유나이티드에 2-1로 겨우 이긴 경기는 캉테의 파트너로 공격적인 세스크 파브레가스가 기용되는 바람에 중원 장악이 뜻대로 잘 되지 않았다. 기록상 캉테의 경기력은 그저 그랬다. 그러나 동료들은 그런 날일수록 캉테가 얼마나 헌신적으로 팀을 지탱해줬는지 잘 알 수 있었다. 에당 아자르는 그날 인터뷰에서 "경기장에서 캉테를 2명 본 것 같은데, 아마 쌍둥이가 뛰었던 것 같다"라고 농을 섞어 말했다.

첼시는 당시로선 최다 연승 타이 기록인 13승, 시즌 최다승 신기록인 30승을 기록했다. 두 기록 모두 이후 맨체스터시티와 리버풀에 의해 깨지기 전까지 리그 최고의 기록으로 남아 있었다. 캉테는 이 시즌 프리미어리그, PFA(잉글랜드 선수협회), FWA(잉글랜드 기자협회)가 주는 올해의 선수상을 휩쓸어 3관왕을 달성했다.

연말 발롱도르에서는 8위에 올랐는데, 첼시 동료인 에이스

아자르는 19위에 불과했다. 공격 포인트는 1골 1도움에
불과한 선수지만 경기당 평균 공 탈취 3.6회, 가로채기
2.4회의 가치가 얼마나 큰지 누구나 공감한 결과였다.

캉테는 PFA 선정 올해의 팀에 2년 연속 선정되기도 했다.
이는 2년 연속 다른 팀을 우승으로 이끈 성과였다. 어쩌면
이 기록이 각종 개인상보다 더 희귀하다. 에릭 칸토나가

리즈 유나이티드와 맨체스터유나이티드를 연속 우승시킨
1993년 이후 처음이었기 때문이다.
캉테를 보유한 팀이 곧 챔피언이다. 이 공식은

프리미어리그를 넘어 FIFA 월드컵과 UEFA 챔피언스리그
에서도 곧 성립될 터였다.

TACKLE

	경기당 평균 태클 횟수 ▼
11'-12' 알레한드로 파우를린 (QPR)	4.5
12'-13' 루카스 레이바 (리버풀)	4.7
13'-14' 클라우디오 야콥 (WBA)	3.8
14'-15' 루카스 레이바 (리버풀)	3.9
15'-16' 은골로 캉테 (레스터시티)	**4.7**
16'-17' 이드리사 게예 (에버턴)	4.1
17'-18' 윌프레드 은디디 (레스터시티)	4.2
18'-19' 이드리사 게예 (에버턴)	4.3
19'-20' 히카르두 페레이라 (레스터시티)	4.3
20'-21' 윌프레드 은디디 (레스터시티)	3.7

태클과
가로채기 정상을
동시에 석권한
유일한 선수

캉
테

INTERCEPTION

경기당 평균 가로채기 횟수 ▼

11'-12' 스틸리안 **페트로프** (애스턴빌라) **3.6**

12'-13' 모르강 **슈네데를랭** (사우샘프턴) **3.9**

13'-14' 마일 **예디낙** (크리스탈팰리스) **3.7**

14'-15' 프란시스 **코클랭** (아스널) **3.7**

15'-16' 은골로 **캉테** (레스터시티) **4.2**

16'-17' 커리스 **데이비스** (헐시티) **3.5**

17'-18' 은골로 **캉테** (첼시) **2.5**
* 공동1위
요안 카바예
(크리스탈팰리스)

18'-19' 솔 **밤바** (카디프시티) **2.9**

19'-20' 디에고 **리코** (본머스) **3.1**

20'-21' 리암 **쿠퍼** (리즈) **2.7**

태클과

가로채기 정상을

동시에 석권한

유일한 선수

캉테

No Kante,

With Kante
Team Wins

챔피언스리그
우승 1회

유로파리그
우승 1회

FA컵
우승 1회

클럽월드컵
우승 1회

UEFA 슈퍼컵
우승 1회

리그컵
우승 1회

No Trophy!

결승전의 남자, 캉테

캉테는 결승전에서 더욱 빛을 발하는 선수다.
그가 출전한 결승전 경기에서 팀이 승리하여
우승 트로피를 들어올린 확률(승률)이 매우 높았고
그가 선발 라인업에서 제외되었을 때는 클럽팀도
대표팀도 패배하여 준우승에 머물렀다.
전패, 그러니까 100%의 확률로
우승을 놓치고 말았다.

Without Kante
Team Loses

FA컵
준우승 2회

리그컵
준우승 1회

사리와 램파드 시절도
시간낭비는 아니었다

프리미어리그에서 가장 뛰어난 미드필더로 공인받은 뒤, 캉테의 가장 큰 적은
상대팀 선수들이 아닌 스케줄이었다. 앞선 두 시즌은 프로 경기를 각각 40회,
41회 소화했지만 2017-18시즌에는 UEFA 챔피언스리그를 처음 경험하게 되면서
48경기로 늘어났다. 런던에서 마드리드와 바르셀로나는 물론 아제르바이잔의
바쿠까지 오가게 되면서 여독도 쌓였다. 2016년 프랑스 대표로 데뷔한 뒤
A매치에서 오는 피로와 압박감도 서서히 누적되고 있었다. 공식적으로 피로
때문이라고 밝혀진 것은 아니었지만 훈련 준비를 하다 정신을 잃어 맨체스터시티
상대로 결장하기도 했다.

매 경기 부진한 건 아니었지만 눈에 띄는 기복이 생겼다. 익히 봐왔던 분신술의
캉테와 보통 미드필더에 불과한 쌍둥이 캉테가 번갈아 뛰는 것 같았다. 첼시는
프리미어리그 디펜딩 챔피언답지 않게 5위에 그쳤고, 챔피언스리그는 16강에서
바르셀로나에 패배해 탈락했다.

대신 세 번째로 중요한 트로피인 FA컵은 따냈다. 시즌이 막판으로 접어들면서
컨디션을 회복한 캉테는 결승전에서도 가장 뛰어난 선수 중 하나였다.
맨체스터유나이티드를 1-0으로 꺾었는데 첼시의 공격력보다 수비력이
더 돋보였고, 캉테가 그 중심에 있었다. BBC는 캉테를 결승전 최우수 선수로
선정했다. 첼시의 시즌 최우수 선수 역시 캉테였다.

여기까지가 캉테의 첫 번째 전성기였다면, 2018년 여름에는 한 단계 뛰어난

선수로 도약하기 위한 시련이 기다리고 있었다. 부진과
불화 끝에 콘테가 클럽을 떠났고, 새로 부임한 마우리치오
사리 감독은 팀의 시스템을 뜯어고쳤다. 나폴리 감독으로서
구사했던 4-3-3 포메이션을 이식하면서 캉테에게 알랑의
역할을 주려고 했다. 첼시의 진례와 비교하지면 주제 무리뉴
감독 시절의 마이클 에시엔 같은 역할이었다. 미드필더가
3명으로 늘어나면서 가장 뒤쪽에는 패스를 담당하는
조르지뉴가 배치되고, 캉테는 그 앞에서 에너지를
불어넣으라는 지령을 받았다. 측면 커버에 문전 침투까지
할 게 많았다.

논란이 엄청났다. 미드필더를 2명만 세워도 캉테가 상대방의
3, 4명을 압도해주는데 왜 역할을 제한시키느냐는
비판이었다. 조르지뉴가 준수한 경기력을 보이다가도
손흥민 등 상대 에이스들에게 맥없이 뚫리는 등 눈에 띄는
약점을 보이곤 했는데, 그럴 때마다 '저런 선수 때문에
캉테를 희생시키는 거냐'는 부정적 기사가 쏟아졌다.
그런데 마치 캉테가 새 역할에 적응하지 못한 것처럼
기억하는 사람들이 많지만, 사실 사리의 전술을 소화하는
데도 문제는 전혀 없었다. 캉테는 자주 올라가 골이나
어시스트를 노렸다. 리그 4골 4도움은 이 역할의
모범답안이라던 알랑이 나폴리에서 올렸던 공격 포인트와
비슷한 수준이었다.

캉테는 약간 어정쩡한 슛 폼으로 중요한 골들을 성공시켰다.
팀 전체 시즌 첫 골, 그해 챔피언인 맨체스터시티에
첫 패배를 안긴 맞대결 결승골이 오래도록 기억될 만했다.
카라바오컵에서도 토트넘홋스퍼를 상대한 준결승 2차전에서
선제골을 터뜨리며 결승 진출을 이끌었다. 그리고 시즌
마지막 경기인 유로파리그 결승전에서 풀타임을 소화하며
늘 어려운 상대였던 아스널을 4-1로 대파, 새로운 트로피를
하나 더 땄다.

사리가 고작 1년 만에 떠난 뒤 전설적 미드필더였던 프랭크
램파드가 뒤를 이었다. 램파드는 하부리그에서 성과를 낸
감독들이 흔히 그렇듯 젊고 주도적인 팀을 만들려 했다.
캉테는 4-2-3-1 포메이션과 4-3-3 포메이션을 가리지
않고 뛰면서, 흔들리는 팀을 묵묵히 지탱해 나갔다.
2020년 3월 코로나19로 프리미어리그가 중단됐을 때,
캉테는 보이지 않게 큰 변화를 겪고 있었다. '마켈렐레 롤'을
맡을 수 있는 선수로 발전한 것이다. 캉테는 처음 주목받을
때부터 외모, 능력, 국적 모두 클로드 마켈렐레를
연상시켰지만 대선배의 역할인 역삼각형 미드필드의

최후방은 맡은 적이 없었다. 그런데 세 달 만에 리그가
재개됐을 때 램파드는 캉테에게 수비형 미드필더를 맡겼다.
마침 그 시즌은 마켈렐레가 유소년팀 코치 겸 '기술 멘토'
역할로 첼시에 복귀한 시점이었다. 캉테는 종종
마켈렐레에게 조언을 구하곤 했다.
처음엔 조르지뉴의 징계 공백을 메우기 위한 일시적

카드처럼 보였으나 램파드가 총애하던 플레이메이커 유망주 빌리 길모어까지 제쳤다는 건 분명 전술적인 선택이었다. 첼시는 이 새로운 선수 배치로 애스턴빌라에 이어 맨체스터시티까지 잡아냈다. 램파드는 "캉테가 공을 얼마나 잘 다루는지 다들 과소평가한다. 공을 가졌을 때 얼마나 재빠르고 패스도 잘 하는지 말이다"라며 팀의 두뇌가

될 수 있는 능력을 강조했다.

이제 캉테는 미드필더가 2명이든 3명이든 박스 투 박스 미드필더, 수비라인 앞을 지키는 수비형 미드필더, 공격적인 중앙 미드필더 등 모든 역할을 맡을 수 있는 전천후 선수로 발전했다. 2020-21시즌의 절반을 지휘한 램파드가 9위까지 추락한 성적표를 남기고 경질되자, 선수 활용 능력이 비범한

전술가 토마스 투헬이 새 사령탑으로 왔다. 그리고 투헬은
캉테를 다시 한 번 완벽하게 활용할 수 있는 매니저였다.
투헬 부임 이후 첼시는 다시 스리백으로 돌아갔다.
부상 중이던 캉테는 2경기 결장에 이어 2경기 교체 투입으로
천천히 투헬의 팀에 합류했지만 일단 주진으로 자리매김한
뒤에는 없어서는 안 될 존재가 됐다. 투헬은 부임 후 컵대회
포함 14경기 무패를 달리다 웨스트브로미치에게 뜻밖에 2–5
대패를 당했는데, 그 경기에 캉테가 없었다. 이때부터 캉테가
결장한 4경기 성적은 1무 3패로 처참했다.
중요한 경기마다 캉테는 풀타임을 소화했고, 핵심적인
역할은 특히 챔피언스리그에서 잘 나타났다. 캉테는 16강
2차전에서 아틀레티코마드리드 상대로 압도적인 장악력을
보여줬다.
4강에서 레알마드리드를 잡아낼 때는 더욱 눈에 띄었다.
2차전 선제골은 캉테가 기습적인 돌파 후 티모 베르너와
월 패스를 주고받으며 레알 수비를 붕괴시킨 덕분에 나왔다.
추가골은 캉테가 나초를 압박해 레알 문전에서 공을 빼앗은
뒤 내준 패스에서 시작됐다. 두 골 모두 캉테의 공격 포인트로
기록되진 않았지만 누가 봐도 그가 창출한 것이었다.
캉테는 결승전에서도 맨체스터시티 미드필더들을 상대로
완벽하게 주도권을 유지하며 승리를 이끌었다. 캉테는 유럽
정상에 올랐고, 퀴르트 주마와 올리비에 지루 등 거구의
동료들은 자그마한 캉테가 마치 인간 트로피라도 되는
것처럼 번쩍번쩍 들어 올리며 세리머니를 했다. 캉테는
준결승과 결승 모든 경기에서 경기 최우수 선수를 차지했다.
캉테가 투헬 감독 부임 이후 뛴 시간은 비교적 짧은 편이었고,
함께 뛸 때 조르지뉴가 더 빛난 경기도 많았다. 그러나 그가
부재했을 때의 공백으로 인해 캉테의 중요성은 끊임없이
상기됐다. 그리고 가장 중요한 경기에서 보여준 맹활약을
통해 그 시즌의 주인공으로 기억됐다. 캉테는 챔피언스리그
포지션별 최우수 선수 투표에서 모든 필드 플레이어 중 가장
압도적인 득표수를 기록하며 최고 미드필더에 선정됐다.

CHELSEA
FOOTBALL CLUB

라이벌 구단

- Arsenal 아스날
- Tottenham Hotspur 토트넘
- West Ham United 웨스트햄
- Fulham 풀럼
- Queens Park Rangers QPR
- Brentford 브렌트포드

선수 기록

795 론 해리스 최다 출장

211 프랭크 램파드 최다 득점

9,750만£ 로멜로 루카쿠 최고 이적료 영입

1억6,000만£ 에당 아자르 최고 이적료 퇴단

주요 우승 기록

FA CUP

8

FA컵
1969-70
1996-97
1999-2000
2006-07
2008-10
2009-10
2011-12
2017-18

Premier League

6

프리미어리그
1954-55
2004-05
2005-06
2009-10
2014-15
2016-17

Champions League

2

챔피언스리그
2011-12
2020-21

Europa League

2

유로파리그
2012-13
2018-19

Club World Cup

1

클럽월드컵
2021

첼시 FC

창단	1905년 3월 10일
상징색	블루
홈구장	스탬퍼드 브리지 (40,834명 수용)
연고지	런던 해머스미스 앤 풀럼
구단주	토드 볼리
감독	토마스 투헬

첼시의 흑인 선수들

BLACK POWER in CHELSEA

첼시는 역설을 품은 구단이다. 일단 이 팀은 전통적으로 인종차별적 행태가 꽤 심한 편이다. 극우 스킨헤드 성격이 있는 첼시 훌리건은 폭력적인 밀월과 다른 측면에서 악명 높은 훌리건이었다. 네오나치 성향 서포터 모임의 리더가 미국의 인종주의 단체 KKK와 연루되어 수감됐을 정도다. 토트넘 홋스퍼와 라이벌 관계가 된 것도 첼시 훌리건들이 인종주의 때문에 유대인 밀집지역을 연고지로 두는 토트넘을 모욕했기 때문이다.

21세기에 훌리건이 거의 박멸되면서 노골적인 인종차별은 줄어들었지만 여전히 산발적인 행위는 보인다. 2007년 이스라엘 국적의 아브람 그랜트 감독이 부임하자 훌리건의 잔당들은 자기 팀 감독에게 인종차별적 야유를 보냈다. 2015년 파리생제르맹 원정을 간 일부 팬들이 파리 지하철에서 흑인 승객을 쫓아내며 "우린 인종주의자, 우린 인종주의자, 그게 우리가 좋아하는 스타일(We're racist, we're racist and that's the way we like it)"이라고 노래한 일화도 있다.

이런 행태가 역설적인 이유는, 첼시는 프리미어리그 팀 중에서 유독 흑인 선수가 많았고 그들의 덕도 정말 많이 본 구단이기 때문이다. 초창기 흑인 선수였던 폴 캐노빌은 1982년 첼시 데뷔전 때 자기 팀 관중들에게 "저리 꺼져 검둥이 자식아"라는 말을 비롯해 많은 욕설을 들었지만 1990년대 이후 이런 행태는 많이 줄어들었다. 흑인 선수들의 맹활약은 일부 남아있던 극단적 서포터의 인종주의적 편견을 줄이는 데 많은 기여를 했다. 물론 선수가 활약을 했든, 하지 못했든 인종주의적 편견에서 비롯된 옳지 않은 언행은 없어져야 한다.

켄 몽쿠 네덜란드
Ken Monkou

1990년 흑인 최초 첼시 올해의 선수 수상. 수리남 태생의 장신 센터백으로 1989년 1부 리그에 복귀한 첼시에 영입돼 3시즌 동안 활약했다. 은퇴 후 잉글랜드 선수협회(PFA)와 인종차별 반대 단체, 첼시 홈 경기와 자체 영상 출연 등으로 활발하게 활동하고 있다.

프랭크 싱클레어 자메이카
Frank Sinclair

1993년 첼시 올해의 선수. 1990년대 프리미어리그를 대표하는 풀백 중 한 명으로, 런던에서 태어난 자메이카 국가대표 선수였다. 어려서부터 응원한 첼시 유소년 팀에 입단한 뒤 프로에서만 7시즌 동안 활약했다. FA컵, 리그컵, UEFA 컵위너스컵 등 다양한 컵 대회 우승에 기여했다.

뤼트 훌리트 네덜란드
Ruud Gullit

1996년 첼시 올해의 선수, PFA 올해의 선수. 수리남계 네덜란드 대표로서 프랑크 레이카르트, 마르코 판바스턴과 함께 그 유명한 오렌지 삼총사를 결성했던 슈퍼스타다. 33세 나이에 첼시로 건너와 세 시즌만 뛰고 은퇴했다. 첫 시즌에는 수상내역이 부여주듯 월드클래스다운 활약을 했지만 이후 두 시즌은 부상으로 거의 뛰지 못했다. 1996-97시즌 선수 겸 감독으로서 FA컵 우승을 이끌었던 특이한 경력이 있다.

마르셀 드사이 프랑스
Marcel Desailly

프리미어리그 10주년 기념 외국 선수 베스트 11. AC밀란과 프랑스를 모두 세계 정상으로 이끌며 세계 최고의 수비력을 인정받았던 1998년 첼시로 합류했다. 프랑스 대표팀 동료 프랑크 르뵈프와 함께 리그에서 가장 화려하고 견고한 센터백 라인을 구축했고 주장직도 맡았다. 6시즌 동안 뛰며 FA컵과 UEFA 슈퍼컵에서 우승했다.

지미플로이드 하셀바잉크 네덜란드
Jimmy Floyd Hasselbaink

첼시 소속으로 프리미어리그 득점왕 1회 수상. 수리남 태생 네덜란드 공격수였다. 프로 경력을 통틀어 리그 20골 이상 득점을 다섯 시즌이나 기록했고, 그 중 두 번이 첼시 소속이었던 톱 클래스 득점원이었다. 경쾌한 스텝으로 수비 사이를 돌파하다 날리는 강력한 중거리 슛이 깊은 인상을 남겼다. 첼시가 부자 구단으로 재탄생한 2003-04시즌에도 팀 내 최다골을 기록한 뒤 팀을 떠났다.

조지 웨아 라이베리아
George Weah

아프리카 최초 발롱도르 수상 선수에서 라이베리아의 대통령이 된 전설적 인물 웨아도 한때 첼시에서 뛰었다. AS모나코, 파리생제르맹, AC밀란에서 전성기를 보내고 34세 노장이 되어 반 시즌 임대됐다. 데뷔전에서부터 라이벌 토트넘 상대로 데뷔골 겸 결승골을 터뜨리고, 그 시즌 FA컵 우승을 이끄는 등 화려한 반년을 보냈다.

클로드 마켈렐레 프랑스
Claude Makelele

2006년 첼시 동료들이 뽑은 올해의 선수. 이미 레알마드리드에서 수비력을 인정받은 미드필더였지만 푸대접에 불만을 품고 2003년 첼시로 이적해 팀 중흥의 기틀이 됐다. 주제 무리뉴 감독의 축구를 특별하게 만들었던 가장 핵심적인 인물이다. 콩고민주공화국 출신 프랑스 대표였던 마켈렐레는 체형과 플레이 장단점이 후배 캉테와 가장 닮았던 선수다.

디디에 드로그바 코트디부아르
Didier Drogba

2007년 첼시 동료들이 뽑은 올해의 선수, 2010년 첼시 올해의 선수. 첼시 전성기의 상징과도 같은 코트디부아르 대표 공격수다. 2004년 첼시로 이적하자마자 팀의 프리미어리그 2연속 우승을 이끌었고, 이후 득점왕을 두 번 차지했으며, 2011-12시즌 이미 노장이 됐지만 팀의 숙원이었던 UEFA 챔피언스리그 우승에 모든 걸 쏟아 붓고 떠났다.

마이클 에시엔 가나
Michael Essien

2007년 첼시 올해의 선수. 드로그바보다 1년 늦게 첼시에 합류해 팀을 완성시킨 특급 미드필더. 가나 태생인 에시엔은 리옹 소속으로 프랑스 리그를 먼저 평정한 뒤 첼시로 건너와 프리미어리그 2회, 챔피언스리그 1회를 비롯해 트로피 8개를 들어올렸다. 강팀을 상대로 호쾌한 중거리슛을 잘 터뜨렸기 때문에 공격수가 아님에도 첼시 올해의 골을 두 번이나 수상했다.

애슐리 콜 잉글랜드
Ashley Cole

2009년과 2011년 첼시 동료들이 뽑은 올해의 선수. 바베이도스계 잉글랜드 대표로서 세계 최고 레프트백으로 장기간 인정받은 스타다. 아스널 유소년 출신 간판 스타임에도 라이벌 구단 첼시로 보내달라고 분쟁을 벌여 밉상이 되긴 했지만, 첼시에서 보낸 8시즌 역시 세계 최고 기량을 보인 건 마찬가지였다. 6개의 대회에서 9개의 트로피를 알차게 수확했다.

Mini Kante

미니를
타고 다니는
미니 캉테

미니(mini). 은골로 캉테를 수식하는 가장 적절한 형용사다. 캉테는 체구가 작고, 성품이 소박하고, 말수가 적다. 첼시 동료들이 캉테에게 붙인 별명은 은골리뉴(Ngolinho)였는데 브라질 선수처럼 테크닉이 뛰어나다는 의미와 더불어 작고 귀여운 사람이라는 뜻도 담겨 있는 애칭이다.

캉테의 연관 키워드로 '미니'가 떠오른 건 첼시로 이적한 지 얼마 지나지 않아서였다. 그의 차가 저렴한 미니 쿠퍼라는 것이 화제를 모으기 시작했다. 동료 선수들의 애마에 비해 엄청나게 쌌다. 티보 쿠르투아의 애스턴 마틴과 비교하면 10분의 1도 채 안 되는 가격이었다. 작은 크기도 캉테에게 딱이었다. 당시 출장시간 대비 임금을 따진다면, 캉테가 자신의 차를 사기 위해 필요한 플레잉 타임은 10분 15초에 불과할 정도였다.

결정적인 사건은 2018년 1월에 터졌다. 런던 시내에서 교통사고가 난 것이다. 캉테의 차는 왼쪽 앞바퀴 펜더와 왼쪽 사이드미러가 부서졌다. 그런데 캉테는 그 상태에서 몰려드는 팬들에게 싫은 내색 없이 사진 촬영에 응해줬다. 며칠 뒤, 첼시 훈련장에 그 부서진 미니가 그대로 들어섰다. 은색 덕트 테이프로 파손된 부위를 둘둘 감은 것이 수리의 전부였다.

레스터 시절 캉테의 코치였던 크레이그 셰익스피어는 "캉테는 굉장히 겸손한 친구였다. 작은 미니를 타고 출퇴근하곤 했다. 내가 기억하는 한 캉테는 집에서 TV를 보지 않는다. 아주 조용하지만 굉장히 전염성 높은 미소를 갖고 있으며 어떤 선수보다 축구 그 자체를 즐긴다. 그냥 뛰고 싶어 할 뿐이다. 그래서 모두가 그를 귀여워한다"고 회고했다. 캉테는 미니를 5년 정도 끌다가 2020년 메르세데스 벤츠의 신제품으로 갈아탔는데, 이 사실을 전하는 영국 매체들의 헤드라인은 어쩐지 아쉬운 기색으로 가득했다.

캉테의 소탈함을 보여주는 더 전설적인 일화가 있다. 2018년 9월 언제나처럼 팀 승리에 일조한 캉테는 파리의 가족을 만나기 위해 런던 세인트 팽크라스의 역으로 갔다가 유로스타 기차를 놓쳤다. 다음 열차까지 시간이 많이 뜨자 킹스크로스에 있는 모스크에 기도를 드리러 갔다. 거기서 아스널 팬인 바들러르 라흐만 잘릴이라는 사람과 자연스럽게 말을 나누게 됐는데, 잠시 후 캉테는 그의 집에서 함께 저녁식사를 하고 있었다.

슈퍼스타가 처음 만난 사람의 초대에 응한 것이다. 게다가 잘릴은 아스널 팬이었고, 그가 "우리 집에 캉테가 있어!"라고 불러모은 친구들 중에는 리버풀 팬도 있었다. 캉테는 그들과 치킨 카레를 먹고, 피파 게임을 하고, 자신이 나오는 BBC 축구 하이라이트 프로그램을 함께 시청했다. 그 집에 있던 사람 중 한 명은 트위터에 "난 리버풀 팬이고 함께 있던 친구들은 대부분 아스널 팬이었지만 캉테는 축구선수 이상의 인간이었다. 무슬림이라면 그를 본받을 만하다. 굉장히 겸손했다. 자신이 보통 사람들과 다른 특별한 존재라고 생각하지 않았다"라고 썼다.

캉테의 소박한 성품은 혼자만의 만족, 자신만의 즐거움에 그치지 않는다. 캉테는 앞서 소개한 탈세 거부 일화에서 보듯 준법정신과 공동체 의식이 강하다. 코로나19로 프리미어리그가 중단됐다가 '프로젝트 리스타트' 계획을 가동할 때, 캉테는 전국이 봉쇄 상태인데 훈련장을 먼저 개방하는 것이 불편하다고 분명한 의견을 밝혔다. 조용하지만 결코 나약하지 않고, 무엇보다 탁월한 축구 실력으로 늘 동료들의 존경을 얻어내는 사람이다.

첼시 선수들의 주차장

2017년의 어느 날, 첼시 훈련장에 주차되어 있는 스타 선수들의 자가용들을 재구성했다. 가격은 당시 영국 매체들이 보도한 현지 판매가를 원화로 환산한 것이다. 물론 대부분의 주전급 선수들은 1대 이상의 차량을 보유하고 있기 때문에. 그날 주차장에 세워진 차가 가장 고가인 제품인지, 가장 저렴한 모델인지 확인할 수는 없다. 하지만 분명히 얘기할 수 있는 건, 미니 쿠퍼 S를 타던 다섯던 선수는 은근히 은근히 장래가 유망하다는 것이다.

티보 쿠르투아 애스턴 마틴 뱅퀴시 카본 에디션 / 블랙
3억9,800 만원

세스크 파브레가스 애스턴 마틴 DB9 / 그레이
3억300 만원

마커 배주아이 람보르기니 가야르도 / 오렌지
2억8,700 만원

윌리안 벤틀리 벤테이가 / 블랙
2억6,300 만원

은골로 캉테 미니 쿠퍼 S / 화이트
3,300만 원

에딩 아자드 메르세데스 벤츠 AMG GTR / 실버
2억 3,900만 원

빅터 모제스 메르세데스 벤츠 AMG G 63 / 블랙
2억 1,500만 원

다비드 루이스 메르세데스 벤츠 AMG G63 / 카키
2억 1,500만 원

마르코스 알론소 포르쉐 카이엔 / 블랙
1억 5,900만 원

디에고 코스타 레인지 로버 스포츠 / 화이트
1억 400만 원

게리 케이힐 레인지 로버 스포츠 / 그레이
1억 400만 원

페드로 로드리게스 메르세데스 C클래스 쿠페 AMG / 화이트
6,370만 원

수비형 미드필더도 주인공이 될 수 있어

은골로 캉테는 어디까지나 수비형 미드필더다. 캉테와 달리, 위치만 수비진 바로 앞에 있을 뿐 실질적으로는 플레이메이커 역할을 하는 선수들도 있다. 스페인의 피보테(pivote)는 중심축이라는 뜻이고, 이탈리아의 레지스타(regista)는 연출자라는 뜻이다. 각각 세르히오 부스케츠와 안드레아 피를로를 통해 잘 알려진 역할이다. 이런 테크니션들이 팀의 주인공 역할을 하는 건 흔하다. 그런데 '어디까지나 수비형'인 캉테가 부스케츠도 못 받아 본 수많은 개인상을 쓸어 담았다. 수비 전문 미드필더 중에서 이토록 돋보이는 선수는 거의 없었다.

캉테는 프리미어리그에서 첼시를 우승으로 이끈 뒤 프리미어리그, PFA(잉글랜드 선수협회), FWA(잉글랜드 기자협회) 올해의 선수상을 석권한 역대 아홉 번째 선수가 됐다. 세 가지 상이 공존하기 시작한 1994-95시즌부터 27시즌 동안 3관왕을 달성한 선수는 티에리 앙리, 크리스티아누 호날두, 웨인 루니, 가레스 베일, 루이스 수아레스, 에당 아자르, 은골로 캉테, 모하메드 살라였다. 캉테를 제외한 모든 선수들이 공격자원이었다. 가장 덜 주목받는 포지션인 수비형 미드필더가 앙리, 호날두, 루니와 같은 주목을 받는

다는 건 엄청난 일이었다.

같은 포지션 대선배 클로드 마켈렐레가 '푸대접의 아이콘'이었던 것과 대조해본다면 14년 만에 세상이 많이 좋아졌다고, 축구판이 많이 달라졌다고 할 수 있을 것이다. 어느 정도는 마켈렐레 덕분이기도 할 것이다. 마켈렐레가 레알마드리드의 처우에 불만을 품고 첼시를 우승시키러 떠난 스토리가 널리 알려지면서 수비에 치중하는 미드필더가 우승을 좌우한다는 걸 다들 알게 됐기 때문이다.

캉테는 프리미어리그에서 대표적으로 주목받았던 파트릭 비에이라, 로이 킨과 같은 리더들과는 달랐다. 그들은 주장으로서 강한 존재감을 보였고 공격가담도 활발했다. 킨은 컵대회를 포함해 무려 12골을 넣은 시즌도 있었다. 캉테의 득점은 이들에 비하면 보잘것없는 수준이었다. 나중에는 공격에 더 가담하라는 요구를 받고 리그 4골 4도움(2018-19)까지 기록한 적도 있지만, 초창기 캉테는 매 시즌 딱 1골만 넣는 선수였다.

그러나 축구에 조금만 관심이 있는 사람이라면 캉테의 독특한 재주들이 팀 공격에 얼마나 도움을 주는지 쉽게 알 수 있다. 캉테의 수비는 위치를 잡고 있다가 공을 줍는다거나 공간을 선점하는 것에서 그치지 않는다. 상대 선수가 실수할 것 같으면 위협적으로 전진해 공을 빼앗고, 그 자리에서 곧장 속공을 전개하는 것이 캉테의 특기다. 빼앗는 위치가 전방이고, 빼앗자마자 상대 진영을 바라보기 때문에 공격으로 전환하는 속도가 매우 빨라진다. 수비 전문이지만 주도적이고 능동적인 선수다.

드리블 전진 능력도 훌륭하다. 크리스티아누 호날두처럼 여러 재주를 익힌 적은 없지만 공을 발에 붙이고 기민하게 전진하는 기술이 탁월하다. 보통은 수비 성공 후 탁 트인 상대 진영에서 순식간에 20m 정도를 전진할 때 활용한다. 필요하다면 수비수 사이에서 과감한 돌파를 성공시키기도 한다.

이처럼 공격적인 경기 스타일은 수치로도 잘 드러난다. 수비력이 좋아도 직접 공을 빼앗지 않으

면 기록에는 반영이 되지 않는데, 캉테는 태클과 가로채기 기록이 독보적이다. 두 부문 모두 프리미어리그 1위를 차지한 건 레스터시티 우승 시즌뿐이지만 첼시로 이적한 뒤에도 두 시즌 연속 태클 3위를 기록했다. 팀의 전술적 변화로 개인 기록이 크게 감소한 시기를 지나, 다시 첼시의 중심으로 돌아온 2020-21시즌에는 태클 13위와 가로채기 7위에 오르며 정상급 수비형 미드필더의 기록을 회복했다.

캉테의 프리미어리그 수비 기록

시즌	태클	가로채기
15´-16´	1위 **4.7**	1위 **4.2**
16´-17´	3위 **3.6**	1위 **2.4**
17´-18´	3위 **3.3**	2위 **2.5**
18´-19´	47위 **2.1**	74위 **1.2**
19´-20´	39위 **2.0**	11위 **2.0**
20´-21´	13위 **2.6**	7위 **2.0**

캉테의 기록이 더 돋보이는 건 빅 매치에서 상대 스타 선수들을 잡아먹었을 때다. 캉테는 유독 큰 경기에 강하다. 축구에서 트래킹 데이터를 수집하고 대중에게 공개하는 '스쿼카' 등의 통계 관련 매체가 등장하면서, 그들의 트위터를 통해 캉테의 놀라운 기록이 알려지고 수백 번 리트윗되는 과정이 반복되곤 한다.

예를 들어 첼시의 2020-21 UEFA 챔피언스리그 우승 과정에서 캉테가 유독 압도적인 퍼포먼스를 보인 경기가 여러 번 있었다. 16강 2차전에서 아틀레티코마드리드를 2-0으로 잡을 때 캉테는 소유권 획득(13회), 상대 진영 패스 성공(55회) 두 부문에서 팀 내 1위를 차지했다. 볼 터치(97회)와 총 패스 횟수(81회)는 팀 내 2위였다. 후반 추가시간 터진 쐐기골 상황에서는 골이나 도움을 기록하진 못했지만 상대 문전으로 가장 먼저 달려가며 수비를 분산시키는 플레이를 보였고, 모든 시청자가 이를 목격했다. 4강 1차전 레알마드리드 원정에서는 드리블 성공이 무려 6회로 경기 최다 기록이었다.

결승전에서 맨체스터시티를 꺾은 뒤 캉테는 공식 최우수 선수(MOM)로 선정됐다. 이 경기에서 공 탈취(3회)는 경기 최다였고, 드리블 성공(2회)과 공중볼 획득(4회)은 팀 내 최다였다. 또한 태클과 공 탈취 성공률 100%를 기록하면서 반칙은 한 번도 하지 않았다.

> 캉테의 태클 능력은
> 경기 흐름을 읽는 능력,
> 의사결정을 내리고
> 곧장 행동에 옮기는 능력,
> 언제 움직이고
> 언제 머물러야 하는지
> 인지하고 판단하는 능력,
> 에너지, 추진력의 조합이다.

2022년 1월 2일 리버풀에 2골을 내줬다가 따라잡아 동점을 만든 경기에서 캉테는 태클, 경합, 롱 패스 성공률 100%와 더불어 소유권 회복(14회), 득점기회 창출(3회) 경기 최다 기록을 세웠다.

초인적인 기록의 원천은 기본적으로 신체적, 기술적 능력이다. 유독 낮은 무게중심, 장거리 질주의 속도와 순간 방향전환의 민첩성 등 모든 의미에서 뛰어난 스피드, 활동량과 체력, 공을 다루는 기술과 정교한 태클 기술 등이다. 특히 스피드는 가장 먼저 눈에 띈다. 캉테가 프랑스 대표팀 소집에 늦은 뒤 "기차가 연착됐어요"라고 그처럼 소소한 이유를 밝히자, 데샹 감독이 "뛰어오지 그랬어? 네가 기차보다 빠르잖아"라고 답했다는 일화는 유명하디.

그 아래에 숨어 있는 더 중요한 재능은 공간인지능력과 빠른 판단속도다. 캉테의 정확한 태클은 사실 다른 선수들보다 미세하게 일찍 시작하기 때문에 간발의 차로 성공하는 것이다. 태클이 서툴기로 유명했던 폴 스콜스가 머뭇거리다가 뒤늦게 몸을 날리던 모습과 대조해보면 이해가 쉽다. 크레이그 셰익스피어 전 레스터시티 코치는 "캉

테의 태클 능력은 경기 흐름을 읽는 능력, 의사결정을 내리고 곧장 행동에 옮기는 능력, 언제 움직이고 언제 머물 러야 하는지 인지하고 판단하는 능력, 에너지, 추진력의 조합이다"라며 기술보다 판단속도가 더 핵심이라고 말했 다. 그는 "태클은 타이밍의 문제다. 캉테의 슬라이딩 태클은 그리 자주 볼 수 있는 모습이 아니다"라며 꼭 필요할 때만 몸을 날리되, 일단 판단이 서면 누구보다 빠르다고 덧붙여 설명했다.

세계 최고의 캉테
수비형 미드필더

#1

포포투선정

2022
수비형 미드필더 TOP 10

어쩌면 수비형 미드필더는 '창조자'라기보다는 '파괴자'에 가까운 역할을 부여받는다. 하지만 그에 그치지는 않는다. 상대 공격을 차단하고 격파하는 동시에 팀의 공격 전환을 이끌어야 한다. 포포투는 그러한 역할을 가장 잘 소화하는 미드필더 중 첫 번째로 캉테를 꼽은 바 있다. 그 뒤로 이름을 올린 선수들의 면면을 살펴보면 은골로 캉테가 우리 생각보다 훨씬 더 대단한 미드필더임을 알 수 있다.

❶ 은골로 캉테 / 첼시
❷ 카세미루 / 레알마드리드
❸ 파비뉴 / 리버풀
❹ 데클란 라이스 / 웨스트햄
❺ 로드리 / 맨체스터시티
❻ 조슈아 키미히 / 바이에른뮌헨
❼ 마르코 베라티 / PSG
❽ 마르첼로 브로조비치 / 인테르밀란
❾ 주드 벨링엄 / 보루시아도르트문트
❿ 세르히오 부스케츠 / 바르셀로나

Les Bleus

캉테는 2016년 3월, 25세의 나이로 프랑스 대표팀의 푸른 유니폼을 입는다.

10대 때부터 세계 축구계를 뒤흔드는 슈퍼스타들에 비하면

꽤나 늦은 국가대표 데뷔라고 할 수도 있지만, 긍정적인 부분도 있었다.

캉테를 발탁한 디디에 데샹 감독은 현역 시절 수비형 미드필더로 이름을 날린 지도자였다.

""

그는 작아.
그는 착해.
그리고 그는 리오넬 메시를 막았지.
그런데 우리는 모두 다 은골로 캉테가
사기꾼이라는 걸 알아!
Il est petit,
Il est gentil,
Il a stoppé Léo Messi,
Mais on sait tous que c'est un tricheur,
N'Golo Kanté!

폴 포그바 프랑스 대표팀 동료

달콤한 데뷔,
쌉싸름한 유로 2016

"프랑스 대표팀: 은골로 캉테는 목요일에 소집될까?"

프랑스 최대 스포츠 일간지 '레키프' 기사 제목이 의문에서 확신으로 바뀌는 데
걸린 시간은 단 이틀이었다. 2016년 3월 15일 기사 제목에는 물음표가 있었으나
3월 17일 기사 제목에는 마침표가 찍혔다.

"디디에 데샹은 은골로 캉테를 소집할 것이다."

발롱도르를 주관하는 언론사로도 잘 알려진 '레키프'는 가짜 뉴스를 보도하지
않았다. 데샹 감독은 네덜란드, 러시아와 하는 친선경기 2연전을 앞두고 캉테를
대표팀에 최초로 선발했다. 캉테는 당시 마르세유 소속이던 라사나 디아라,
크리스털팰리스의 요앙 카바예, 유벤투스의 폴 포그바, 뉴캐슬의 무사 시소코,
파리생제르맹의 블레즈 마튀디 등과 함께 이름을 올렸다.
선발 자체는 큰 주목을 끌었다. 은골로는 2015-16시즌을 환상적으로 보냈다.
캉을 떠나 잉글리시 프리미어리그 소속 레스터시티 유니폼을 입자마지 믿기
어려운 동화를 썼다. 프랑스 9부리그 출신이 프리미어리그 구단에 입단한 것
자체로도 거짓말 같은 일인데, 바로 우승까지 일궜다. 시즌 전 도박사들이 예측한
레스터시티의 우승 확률은 1/5000이었다. 여기에 아마추어 무대에서 뛰던 선수가

프리미어리그 클럽에 스카우트될 확률까지 곱하면 그야말로
'기적'에 가깝다.

논리적으로 보면 당연한 일이었다. 은골로는 레스터시티가
리그 우승컵을 들어올리는 데 결정적인 역할을 했다.
은골로는 중원에서 엄청난 활동량과 압박으로 경기를
풀었다. 스포츠 통계 매체 '스쿼카'는 2015-16시즌
프리미어리그에서 캉테가 가장 많은 태클을 성공했다고
발표했다. 캉테는 태클 93개를 성공시키며 이드리사 게예
(89개), 에릭 피터스(85개), 루카스 레이바(72개) 등의 훌륭한
선수들을 앞섰다. 알렉스 퍼거슨 전 맨체스터유나이티드
감독으로부터 "캉테는 특별한 선수다"라는 찬사까지 들었다.

네덜란드, 러시아 친선전은 의미 있는 경기였다. 프랑스는
유로 2016을 자국에서 개최하며 우승까지 넘보고 있었다.
2014 브라질 월드컵에서 8강에 머물렀기에 데샹 감독은
부임 이후 첫 대회에서 자존심은 지켰으나 확실한 강점은
보여주지 못했다. 데샹은 친선 2연전을 통해 강력함을
과시할 필요가 있었다. 한동안 부르지 않았던 디미트리
파예트를 호출한 이유도 여기 있었다.

은골로 캉테 개인적으로도 첫 대표 발탁이 매우 특별할
수밖에 없었다. 조금 비유적으로 이야기하면, 어린 시절
입교를 거절당했던 클레르 퐁텐에 프랑스 성인 대표팀의
일원이 되어 들어갈 수 있었다고 할 수 있을 것이다. 캉테는
조용히 세계적인 동료들과 함께 훈련을 이어갔고, 데샹은
중원 조합을 두고 고민에 빠졌다.

첫 선발, 전 세계는 격변

당시 국제 정세는 매우 혼란스러웠다. ISIS(이라크 시리아
이슬람 국가)는 전 세계를 상대로 테러를 벌였다. ISIS는
프랑스-네덜란드 경기를 3일 앞둔 벨기에 브뤼셀에서
수차례 자살폭탄 테러를 벌여 최소 34명(벨기에 역사상
가장 많은 사망자를 낸 폭탄 테러)이 사망하고 250여 명이
다쳤다. 테러 직후에 공항이 폐쇄됐고, 세계는 충격에
빠졌다.

브뤼셀은 네덜란드전이 열릴 네덜란드 암스테르담과 매우
가깝다. 기차로 2시간 걸리는 거리는 물론이고 역사적으로도
관련이 크다. 한때 한 나라였던 브뤼셀에서 테러가 일어나사
네덜란드는 긴장할 수밖에 없었다. 2015년에 파리 테러를
겪은 프랑스도 다시 한 번 인접국에서 참사가 나자
안타까움을 감추지 못했다.

테러 이틀 뒤인 3월 23일에는 네덜란드 축구 영웅이자
혁신적인 전술가였던 요한 크루이프가 향년 68세로 세상을
떠났다. 그는 여러 팀을 거쳤으나 가장 처음으로 빛을 발한
팀은 암스테르담을 연고로 한 아약스암스테르담이었다.
여러모로 암스테르담에서 갖는 프랑스와 네덜란드 경기는
의미가 커졌디.

크루이프와 브뤼셀 테러 희생자들에게 헌정된 경기에서
캉테는 선발로 출전하지 못했다. 데샹은 4-3-3 포메이션을
쓰면서 중원에 디아라와 포그바 그리고 마튀디를 세웠다.

아직 확실하지는 않지만, 은골로는 레스터시티에서 보였던 특색을 선보였다.
공을 되찾아오는 데 매우 적극적이었다.
이후 두세 차례 전방으로 나가려는 움직임도 있었다.
지치지 않았고 불안한 모습도 없었으며 편안하고 자신이 지닌 본연의 모습이었다.
자신이 가진 장점을 이용해서 뛰었다.

디디에 데샹 경기 후 인터뷰에서

""

은골로와 함께하면 모든 게
다 단순하고 쉬워 보인다.
나도 그 포지션에서 뛰었기에
언제나 쉽지 않다는 걸 안다.
때로는 정말 어렵다.
하지만, 은골로는
무엇을 해야 하는지 알고,
팀을 위해 정말 좋은
플레이를 한다.

디디에 데샹 스코틀랜드전 후 인터뷰에서

디아라를 백4 앞에 배치하고 그 앞에 포그바와 마튀디를
놓았다. 경기는 쉽게 풀렸다. 전반 6분 만에 앙투안 그리즈만
이 선제골을 넣고 12분에는 올리비에 지루가 추가골을
터뜨렸다.

캉테는 후반 시작과 함께 그라운드를 밟았다. 과거
레알마드리드의 10번을 달고 뛰었던 스타 디아라와 교체돼
경기에 나섰다. 데샹은 캉테와 함께 앙토니 마르시알
(그리즈만 교체), 뤼카 디뉴(파트리스 에브라 교체)를 넣었다.
교체 폭을 넓게 가져가면서 더 많은 조합을 실험하겠다는
의지를 분명히 했다.

그와 별개로 캉테가 보낸 45분은 그다지 인상적이지 않았다.
프랑스는 후반에 루크 더 용과 이브라힘 아펠라이에게
연속골을 내줬다. 데샹은 지루와 포그바를 빼고
앙드레-피에르 지냑과 무사 시소코를 투입했다. 그래도
데뷔전의 결과는 해피엔딩이었다. 프랑스는 후반 추가시간에
마르시알 패스를 받은 마튀디가 골을 터뜨리며 승리했다.

스물다섯 번째 생일에 대표팀 첫 선발 + 데뷔골

러시아와 진선전을 갖게 된 3월 29일은 은골로 캉테가 맞는
스물다섯 번째 생일이었다. 은골로는 고향이라고 할 수 있는
스타드 드 프랑스에서 열린 경기에 선발로 출전했다.

캉테는 백4 바로 앞에서 수비를 보호하며 디아라와
포그바를 받치는 역할을 맡았다. 그리고 8분 뒤, 그리즈만의
패스를 받아 데뷔골까지 신고했다.

그리즈만은 아크 정면에서 공을 받은 뒤 돌면서 침투하는
캉테에게 공을 연결했고, 그는 바로 오른발로 왼쪽 골대를
노렸다. 침투는 영리했고 슈팅은 날카로웠다. 은골로는
세계적인 수준의 동료들에 둘러싸여 많은 축하를 받았다.
제대로 된 골 셀러브레이션도 하지 못하고 그저 자축 생일
선물을 받는 것으로 만족해야 했다.

은골로는 90분을 모두 소화하며 4-2 승리를 함께했다.
프랑스는 지냑과 파예트 그리고 킹슬레 코망이 연속골을
터뜨리며 이겼다. 캉테는 프랑스 대표팀에 조용하게
안착했다. 축구를 시작한 이후로 쉬지 않고 달린 그는
프랑스 축구의 심장이라고 할 수 있는 스타드 드 프랑스에서
자신의 존재감을 알렸다.

은골로는 유로 2016으로 가는 길을 크게 열었다.
데샹 감독은 같은 해 5월 12일에 최종 엔트리를 발표했다.
은골로는 데뷔전에서 함께 뛰었던 그 미드필더들과 함께

본선으로 가는 티켓을 받았다. 5월 말과 6월 초에 한 카메룬,
스코틀랜드 친선전에도 모두 출전하면서 팀 내 입지도
넓혔다.

쌉쌀했던 유로 2016

은골로는 처음으로 참가하는 메이저대회에서도 당당히
선발로 나섰다. 마튀디, 포그바와 함께 조별리그 첫 경기인
루마니아 경기부터 출전했다. 그는 양팀이 1-1로 맞서던
후반 44분에 파예트의 결승골을 도우면서 다시 한 번 자신의
이름을 높였다. 2차전 알바니아 경기에서도 마튀디와 중원을
구성했다.

은골로는 조별리그 3차전을 건너뛰고 아일랜드와 격돌한
16강전에서 다시 선발로 출전했다. 그는 경고를 받아서
8강전에 뛸 수 없게 됐고, 후반 시작과 동시에 코망과
교체되어 나갔다. 독일과 만난 4강전에서 교체로 출전해
2-0 승리를 확정하는 데 도움을 줬다. 이대로라면 캉테는
데뷔전을 치렀던 스타드 드 프랑스에서 열리는 결승전에도
나설 가능성이 매우 커졌다.

딜레마가 있었다. 경기가 지속될수록 데샹은 행복한 고민에
빠졌다. 캉테가 있으면 경기를 안정적으로 치를 수 있으나
공격력이 불타오르지 않았다. 캉테가 결장한 8강에서
아이슬란드를 5-2로 이겼고, 준결승에서도 캉테가 출전하지
않았던 시간에 독일을 상대로 2골을 넣으며 앞서갔다.
데샹은 홈에서 하는 대회를 더 화끈하게 마무리하길 바라는
대중의 기대를 외면하기 어려웠다.

캉테는 포르투갈과의 결승전에 벤치에 앉았다. 데샹은
중원에 포그바와 마튀디를 놓고 2선에 에너지가 넘치는
시소코를 배치하며 균형을 맞추고자 했다. 상대인
포르투갈은 크리스티아누 호날두를 보유했으나 객관적인
전력상 프랑스보다 열세였다. 데샹은 강하게 밀어붙여서
완벽한 우승을 가져가길 바랐다.

하지만 경기는 생각만큼 잘 풀리지 않았다. 유로 2016의
영웅 파예트가 호날두와 강하게 부딪힌 뒤부터 경기
분위기가 이상해졌다. 전반 25분 만에 호날두가 교체된 뒤
파예트와 프랑스도 리듬을 잃었다. 결국 프랑스는 연장 후반
4분에 에데르에게 결승골을 허용하며 패했다. 지냑이 때린
슈팅이 골대를 맞은 게 뼈아팠다.

2016년, 은골로는 데뷔전을 포함해 A매치 13경기를
치렀다. 빠르게 '레 블뢰(Les Bleus)' 중심에 섰으나 가장

"

개인적으로는,
지난 몇 주 동안 본 캉테가 최고였다.
15-16 시즌에 레스터시티에서
빼어난 활약을 펼쳤기에 놀랍지는 않다.
캉테는 경기력이 뛰어나며
단순하게 플레이할 수 있으며
겸손하기까지 한 선수다.
이런 특징은 매우 흥미롭다…
캉테는 아무런 문제없이
라사나 디아라를 대체했다.
그는 더 어리지만,
더 역동적이고 더 활동량도 많다.

크리스티앙 구르퀴프 전 알제리 감독

중요한 경기에서는 아쉬움을 삼켜야만 했다. 경기가 끝난 후 프랑스 대표 출신 야닉 스토피라 '레키프' 자문위원은 데샹이 실수한 부분을 지적하며 캉테를 언급했다.

그는 "처음에는 캉테가 명백한 주전이었으나 이후에는 위상이 점점 내려가며 벤치에 앉았다. 불행하게도, 무사 시소코(결승전에 중앙 미드필더로 출전)는 조금 외로워

보였다"라고 말했다.

데샹의 대표팀 동료이자 프랑스 축구 영웅인 티에리 앙리도 아쉽게 유로 준우승에 그쳤지만 데샹이 2018 러시아 월드컵까지 책임져야 한다면서도 의미심장한 말을 남겼다.

"사람들은 왜 캉테가 뛰지 않는지 궁금해할 것이다."

02

월드컵을
집어 삼키다

유로 2016 준우승 그리고 결승전 결장은 뼈아팠다. 캉테는 워낙 빠르게 대표팀에
자리잡았기에 아쉬움은 더 클 수밖에 없었다. 큰 대회에서 일찌감치 탈락한 팀보다
준우승한 팀이 더 아프고, 계속 기회를 잡지 못한 선수보다 주전으로 뛰다가
결승전에 나서지 못한 선수가 더 안타까울 수 있는 법이다. 게다가 유로 2016를
개최한 나라는 프랑스였다.

기회는 거의 바로, 얼마 지나지 않아 다시 왔다. 프랑스는 2018 러시아 월드컵에서
20년 만에 우승 도전에 나섰다. 선수로 월드컵과 유로를 모두 우승한 디디에 데샹
감독은 새로운 목표를 설정하며 스쿼드에도 변화를 줬다. 점진적으로 수비진의
세대교체를 단행했고, 미드필더 조합은 새롭게 만들었다. 데샹은 주로 4-2-3-1
포메이션을 쓰면서 3선에 포그바와 캉테를 세웠다.

포그바 + 캉테 = 완벽 MF

공격적으로는 매우 뛰어나지만 수비 가담 능력과 의지가 조금 떨어진다는 평가를
받는 포그바 옆에 견고한 은골로를 배치하며 시너지를 기대했다. 유로 우승컵을
다 들었다가 놓친 실수를 반복하고 싶지 않다는 의지로 읽을 수 있는 대목이다.
그는 공격적인 경기를 해야 한다는 강박을 놓고 단단하고 조화로운 경기로
승리하길 바랐다.

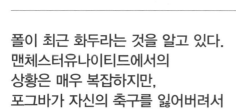

폴이 최근 화두라는 것을 알고 있다.
맨체스터유나이티드에서의
상황은 매우 복잡하지만,
포그바가 자신의 축구를 잃어버려서
위기에 처한 것은 아니다.
그는 어떻게 이 상황을 헤쳐나가야
하는지도 잘 알고 있다.

디디에 데샹 포그바를 캉테의 파트너로 선발하며

데샹은 공격 쪽에 많은 숫자를 놓지 않고도 승리하는 방법을
계속해서 탐구했다. 2017년 초에 킬리안 음바페를 처음으로
소집한 이후에는 이런 방식을 더 구체적으로 밀고 나왔다.
당시에는 외부적인 요인으로 카림 벤제마를 소집하지
않았으나 음바페가 많은 고민을 없앨 수 있었다. 최전방에
올리비에 지루를 세우고 음바페를 측면에 배치한 뒤 공격형
미드필더로 앙투안 그리즈만을 쓰면 공격수 숫자는 큰
문제가 되지 않았다.
그리즈만은 처진 스트라이커라기보다는 공격형
미드필더였다. 공격할 때는 포그바와 함께 창의적인 패스를
뿌렸고 수비에도 큰 도움을 줬다. 그래도 포그바와
그리즈만이 모두 공격적으로 나서면 허리를 받쳐줄 선수가

필요했다. 데샹이 계속해서 은골로를 중요한 이유도 여기
있다. 캉테는 공간과 공백을 허용하지 않았다.
포그바와의 호흡도 좋았다. 포그바는 "은골로는 이리저리
뛴다. 폐가 15개다. 그런 선수와 함께 경기하면 축구는 훨씬
더 쉬워진디"리며 극찬했다. 은골로는 미드필더에게 필요한
모든 능력을 지니고 있으나 대표팀에서는 좀 더 수비적인
역할에 충실했다. 압도적인 인터셉트와 볼 탈취 기록이 이를
증명한다.

데샹이 포그바가 소속팀 맨체스터유나이티드에서 부진할 때에도 대표팀에 호출하는 자신감을 보여준 것도 같은 맥락이다. 포그바는 소속팀 팬들에게조차 원성을 듣던 시기에도 대표팀에서는 맹활약했다. 은골로가 바로 옆에서 경기를 한결 쉽게 만들어줬기 때문이다. 공격적으로 달려드는 포그바는 어떤 팀이라도 막기 어렵다.

은골로는 유로 2016이 끝난 이후 2018 러시아월드컵이 시작하기 전까지 프랑스 대표팀이 치른 22경기 중에서 17경기를 소화했고. 월드컵 유럽예선 10경기 중 7경기에 출전했다. 모두 팀 내 미드필더 중 최다출전 기록이었다. 프랑스는 이 기간 동안 14승 5무 3패의 호조를 보였고, 월드컵 유럽예선은 7승 2무 1패로 마쳤다. 은골로는 출전한 17경기 중에서 2패(스페인과의 월드컵 예선전, 콜롬비아와의 친선전)만 맛봤다. 은골로 캉테와 폴 포그바가 함께 선발로 나선 경기는 무패였다.

월드컵에서 메시를 막아내다

은골로는 물론 2018 러시아월드컵 최종 엔트리에 늘어섰다. 유로 2016에 이어 메이저 대회에 도전할 기회를 연이어 잡은 것이다. 분위기는 조금 달랐다. 데샹은 유로에서는 대회 도중 은골로 카드를 거뒀지만, 이번만큼은 바꿀 수 없는

팀의 핵심이라고 여겼다. 섣불리 공격적으로 나서다 유로를 망친 이유도 있었을 것이다.

선수단 구성을 보면 데샹의 생각을 읽을 수 있다. 데샹은 백4 모든 선수를 센터백 포지션을 소화할 수 있는 수비수로 꾸렸다. 중앙에 라파엘 바란과 사뮈엘 움티티를 배치하고

기억이 없다. 은골로가 왕성한 활동량으로 경기를 지배하면 포그바는 자신이 지닌 공격적인 재능을 맘껏 뽐낼 수 있었다. 은골로는 중원에서 치열하게 싸워서 공을 탈취한 뒤 정확하게 앞으로 보냈다.

은골로는 조별리그 3경기에 풀타임 출전하며 2승 1무를 견인했다. 프랑스는 16강에서 리오넬 메시가 이끄는 아르헨티나와 만났다. 아르헨티나는 객관적인 전력에서는 프랑스보다 앞선다고 보기 어려웠으나 메시를 보유하고 있었다. 세계 최고 선수가 만들어내는 변수는 누구도 예측하기 어렵다. 데샹은 긴장할 수밖에 없었다.

경기는 난타전이었다. 프랑스는 전반 13분에 그리즈만이 터뜨린 골로 앞서갔으나 앙헬 디마리아와 가브리엘 메르카도에게 연속골을 내주면서 끌려갔다. 후반 12분에 파바르가 비현실적인 발리슛으로 골을 터뜨리면서 경기 분위기가 뒤집혔다. 이후 프랑스의 새로운 No.10 킬리안 음바페가 연속골을 넣으면서 쐐기를 박았다. 프랑스는 결국 4-3으로 이겼다.

은골로는 이날 은은하게 빛났다. 무실점 경기를 이끌지는 못했으나 중원을 장악하고 메시를 효과적으로 제어하면서 전 세계 사람들에게 깊은 인상을 심어줬다. 이날 그의 활약은 이후 프랑스가 월드컵을 우승하자 노랫말로 탄생해 이어진다. "그는 작고 착한데다 메시를 막았지!" 16강전 상대가 메시가 버틴 아르헨티나였기에 주목도가 큰 부분이 분명히 있지만, 은골로의 진가는 8강 우루과이전과 4강 벨기에전에서 훨씬 더 진하게 나왔다. 프랑스는 두 경기에서 모두 주도하고 지배하기보다는 실리적인 경기를 택했다. 데샹이 이런 경기를 구상하고 실현할 수 있었던 것은 은골로 덕분이었다. 황금세대를 앞세운 벨기에와의 경기를 보면 은골로가 지닌 가치를 느낄 수 있다.

결승전에서만 부진했던 이유는?

프랑스는 결승에서 크로아티아를 만났다. 프랑스는 20년전인 1998 프랑스 월드컵 4강전에서도 크로아티아를 만나 승리를 거둔 뒤 우승까지 차지한 바 있다. 크로아티아는 2018 러시아 월드컵 최고의 팀이었다. 노쇠했다는 모두의 예상을 뒤엎고 승승장구했다. 덴마크(16강), 러시아(8강), 잉글랜드(4강)를 모두 꺾었는데 덴마크와 러시아는 승부차기로, 잉글랜드는 연장전에서

양쪽 측면에 뤼카 에르난데스와 벵자망 파바르를 세웠다. 당시 에르난데스와 파바르는 소속팀에서는 중앙 수비로 나오는 일이 더 많은 선수였다.
든든하게 뒷문을 꾸린 데샹은 중원에 포그바와 은골로를 냈다. 두 선수가 함께 선발로 나왔을 때 프랑스는 패배한

Croatia 2

크로아티아

이반 페리시치 28'
마리오 만주키치 69'

스트리니치

페리시치

비다

브로조비치

수바시치

모드리치

만주키치

로브렌

라키티치

레비치

브르살리코

즐라트코 달리치 감독　　　　　　　4 - 2 - 3 - 1

2018 러시아 월드컵 결승전 2018년 7월 16일, 모스크바 루즈니키 스타디움

눌렀다.

결승을 앞두고 모든 관심은 중원 대결에 모아졌다. 은골로-포그바 조합과 루카 모드리치와 이반 라키티치 조합 중 누가 더 좋은 모습을 보이느냐에 따라서 경기 결과가 결정될 것이라는 예상이 다수였다. 이 네 선수는 러시아 월드컵에서 가장 많은 공을 탈취한 선수(공동 1위 캉테, 모드리치, 3위 라키티치, 4위 포그바)들이었다.

프랑스는 자신 있었다. '레키프'는 결승전을 하루 앞두고 만든 신문 1면에 캉테와 포그바를 함께 세운 뒤 "파괴할 수 없는 자들(Les indestructibles)"이라고 썼다. 당시 기준으로 두 선수가 함께 선발 출전한 경기에서 프랑스는 단 한 차례도 패하지 않고, 18전 14승 4무를 기록했다.

은골로는 결승전에서 라키티치, 마르셀로 브로조비치, 모드리치가 버티는 중원을 상대로 선전할 것이라는 기대를 받았다. 그는 맹렬하게 중원 다툼을 이어갔으나 무언가 평소와는 달랐다. 몸이 조금 무거워 보였고 실수도 있었다.

4 France

프랑스

마리오 만주키치 18' (자책골), 앙투안 그리즈만 38' (PK)
폴 포그바 59', 킬리안 음바페 65'

음바페

파바르

포그바

바란

지루

그리즈만

요리스

캉테

움티티

마튀디

에르난데스

4 - 2 - 3 - 1

디디에 데샹 감독

데샹은 2-1로 앞서던 후반 10분에 은골로를 빼고 스테브 은존지를 투입했다. 은골로는 대회에서 처음으로 교체됐다. 그가 남긴 기록은 경합 승리 1회와 실책 3회였다. 은골로는 교체됐으나 프랑스는 4-2로 크로아티아를 꺾고 우승을 차지했다. 20년 만에 월드컵을 품은 프랑스 전역은 불타올랐다. 사람들은 모여서 '골든 보이' 음바페와 '그리주(그리즈만의 이름과 지단의 애칭 '지주'를 더한 별명)'를 칭송했다. 결승에선 부진했으나 은골로를 목놓아 부른

이도 많았다. 은골로는 월드컵에서 무려 52회나 상대 공을 탈취(1966년 월드컵 이후 프랑스 선수 최다)했고 가로채기도 20회를 기록했다. 러시아 월드컵 본선에 출전한 모든 팀 선수들 중 최고였다. 9부리그에서 커리어를 시작한 은골로는 시상식장에서 수줍게 월드컵 트로피를 들어올렸다. 우승에 지대한 공헌을 하고도 동료들이 월드컵을 들어올리며 기념 사진을 찍을 때 한참동안 수줍게 기다렸다. 은골로는 처음 축구를 시작했을

때처럼 겸손하고 수줍었다. 그는 월드컵 트로피를 한 손에
들고 다른 한 손으로는 작은 엄지 손가락을 들어올렸다.
그들이 환영 속에 프랑스로 돌아왔을 때, 모두 누가 가장 큰
영웅인지 알았다. 프랑스 대표팀이 엘리제궁에 초대받았을
때, 포그바가 마이크를 잡았다. 그는 여전히 회자되는 가사를
유명 샹송 '오 샹젤리제'에 맞춰 불렀다.

그는 작아.
그는 착해.
그리고 그는 리오넬 메시를 막았지.
그런데 우리는 모두 다 은골로 캉테가
사기꾼이라는 걸 알아!

Il est petit,

Il est gentil,

Il a stoppé Léo Messi,

Mais on sait tous que c'est un tricheur,

N'Golo Kanté!

블레즈 마튀디가 은골로를 옆에 두고 소셜 미디어 채널에서
라이브 방송을 하며 "은골로가 메시를 막았다"라고 하자
은골로는 "우리 모두가 같이 한 것"이라며 작게 말했다.
나중에 알려진 사실이지만, 은골로는 통증을 참고 월드컵
결승전을 뛰었다. 그가 장염을 앓고 있었다는 것이 훗날
밝혀졌다.
2019년, 데샹은 은골로가 결승전을 앞두고 몸에 이상이
생겼다는 걸 알았다고 인정했다. 준결승전이 끝난 후
심각한 피로감과 이상 징후를 감지했기 때문이다. 그는
캉테가 정상 컨디션이 아니라는 것을 알면서도 선발로
기용했으나, 전반이 끝난 후 은골로가 어려움을 겪는다는 걸
느끼자 교체를 결심했다며 다음과 같이 말했다.

"은골로를 교체하는 게 마음 아팠지만, 더 이상 팀에
강력함을 더해줄 수 없었기에 교체를 단행해야만 했다."

애송이 세계 챔피언

캉ㅇㅗ테

CHAMPION

N'GOLO
KANTE

2018 러시아 월드컵 우승 당시, 결승전에 선발 출전한 프랑스-크로아티아 선수들 중 킬리안 음바페 다음으로 프로 1부리그 경력이 짧은 저연차 선수가 바로 '늦깎이', '갑툭튀' 선수 은골로 캉테였다. 하지만 그는 10년차 이상이 수두룩한 크로아티아를 상대로 전혀 주눅들지 않았다. 끊임없이 압박했고, 경기장의 분위기를 압도했으며, 결국은 우승 트로피 피파컵을 가져왔다.

FRANCE 프랑스

13 yrs
요리스, 마튀디

8 yrs
바란, 그리즈만, 지루

7 yrs
움티티, 포그바

THE GREAT WORLD CUP
NEWBIES
— 월드컵 첫 출전 선수들 —

5 yrs 뱅자맹 파바르
당시 22세 4개월 / A매치 14회 출장

4 yrs 은골로 캉테
당시 27세 3개월 / A매치 39회 출장

뤼카 에르난데스
당시 22세 5개월 / A매치 12회 출장

3 yrs 킬리안 음바페
당시 19세 6개월 / A매치 23회 출장

CROATIA 크로아티아

15yrs
수비시치

14yrs
모드리치

13yrs
로브렌, 만주키치

12yrs
비다, 라키티치

10yrs
스트리치, 페리시치

9yrs   **8**yrs   **7**yrs
브르살코   브로조비치   레비치

03

희생과 겸손의 힘,
프랑스 축구에서
캉테가 갖는 의미

"선수들은 모두 희생할 준비가 되어 있었다."

지금은 세상을 뜬 제라르 울리에 전 리버풀 감독은 2018 러시아 월드컵에서
프랑스 대표팀이 우승하자 정론지 '르몽드'에 쓴 칼럼에 이렇게 적었다. 모두가
우승컵을 들었다고 생각했을 때 실패한 유로 2016 결승전과 2018 월드컵
결승전을 비교했다. 디디에 데샹 감독은 당시의 실패를 딛고 2년 뒤에 성공했다.
두 경기 사이에 어떤 변화가 있었을까? 선수와 전술 그리고 팀 내 분위기 등 많은
변화가 있으나 가장 눈에 띄는 것은 한 선수다. 바로 은골로 캉테의 출전이다.
은골로는 유로 2016 결승전을 벤치에서 지켜봤고, 월드컵 결승에는 선발로
나섰다. 물론 장염을 참고 뛰었기에 경기력 자체는 좋지 않았고 55분만에
교체되긴 했지만 말이다.
은골로는 프랑스 대표팀에서 성공을 의미한다. 무엇보다 드러나지 않음으로
크게 웅변하는 힘을 보여줬다. 1998 프랑스 월드컵과 유로 2000에서 프랑스가
우승할 때 지네딘 지단 뒤에는 파트릭 비에라와 엠마뉘엘 프티 그리고 디디에
데샹이 있었다. 킬리안 음바페와 올리비에 지루 그리고 앙투안 그리즈만 뒤에는
은골로가 있었다.
선수로 1998 프랑스 월드컵 우승을 맛본 알랭 보고시앙 전 프랑스 대표팀 코치는
"포그바와 캉테가 수비진 앞에서 구축한 방지턱은 매우 강력했다. 이렇게 견고한

중원 조합이 없었다면 월드컵 우승을 차지하지 못했을 것이다. 우리는 종종 경기를 이기고 지느냐는 중원에서 투쟁심을 보여줄 선수들에 달려 있다고 말한다. 2018 월드컵에서는 이들이 완벽하게 일을 해치웠다"라고 평했다.

프랑스에서는 겸손이 능사가 아니다. 포그바를 보면 알 수 있다. 좋은 실력을 지닌 선수는 어느 정도 개성을 보여주는 것이 미덕이 될 수 있다. 조금 더 넘쳐도 크게 문제가 되지 않는다. 그리즈만도 경기장에서는 예술가보다는 묵묵한 노동자에 가까우나 경기장 밖에서는 자신이 지닌 매력을 한껏 뽐내고 다닌다.

은골로는 이와 반대되는 성향이다. 축구를 시작했을 때부터 월드컵 우승멤버가 될 때까지 절대 자신을 내세우지 않았다. 월드컵에서 대체불가한 선수로 계속 선발 출전할 때도 많은 주목을 받지 않았다. 그에 대한 불만도 표하지 않았다. 은골로는 그저 묵묵히 달리고 패스를 뿌렸다. 리오넬 메시를 만나건 루이스 수아레스를 만나건 다르지 않았다.

동료들은 은골로 캉테가 지닌 가치를 누구보다 잘 알았다. 포그바가 엘리제 궁에서 엠마뉘엘 마크롱 프랑스 대통령 앞에서 은골로 캉테 노래를 부른 이유다. 포그바는 물론이고 데샹 감독과 선수들도 은골로가 팀에서 감당한 역할을 잘 안다. 은골로가 이야기하지 않아도 모두가 느낄 수 있을 정도의 활약을 펼쳤다. 그는 작고 친절하지만 리오넬 메시를 막는다니… 이런 찬사가 또 있을까?

프랑스에서, 그것도 재능이라면 둘째가라면 서러울 선수들이 득실대는 프랑스 대표팀에서 이런 성향의 플레이어가 칭송받은 일이 있었던가? 철의 포백(비센테 리자라주, 로랑 블랑, 마르셀 드사이, 릴리앙 튀랑)과 단단한 미드필더(클로드 마켈렐레, 디디에 데샹, 파트릭 비에라, 엠마뉘엘 프티)들도 사랑 받았으나 은골로 만큼은 아니었다. 은골로는 이 대회를 통해 프랑스 대표팀 중심이라는 걸 재확인한 그리즈만만큼 조명받았다.

은골로는 우승컵을 들고 동료들이 사진을 찍을 때조차 조용히 기다렸다. 그라운드에서는 용맹하게 뛰어다니지만 휘슬이 불린 뒤에는 자신을 전혀 주장하지 않은 이에게 쏟아진 시선은 이례적이었다. 축구를 보는 대중의 눈이 높아지며 종합적으로 경기를 보게 되니 팬들도 은골로가 그라운드에 남긴 발자국을 똑똑히 봤다. 그 발자취는 겸손과 희생을 의미했다.

프랑스 대표팀의 이름 없는 영웅이었던 클로드 마켈렐레(물론 나중에는 각광을 받았지만…)는 후배 은골로 캉테를 자신과 단순 비교하길 원치 않았고, 좀 더 목소리를 내길 바랐다.

"개인적으로는 캉테가 조금 더 해주기를 기대한다. 더 잘할 수 있다는 걸 알기 때문이다. 동료 수비수들과 더 많이 소통할 필요가 있다. 더 많은 책임감과 함께 더 많이 말할 수 있는 힘을 갖기 바란다. '난 여기 있어. 넌 내 뒤에서 플레이하고, 나는 네 앞에서 뛸 거야'라고 말이다."

은골로는 여전히 프랑스 대표팀에서 할 일이 많다. 오는 2022 카타르 월드컵을 준비하는 프랑스 대표팀에 없어서는 안 될 선수다. 폴 포그바, 오렐리앙 추아메니, 아드리앙 라비오 역시 건재하지만 은골로가 필요한 순간이 올 가능성이 크다. 프랑스 대표팀에서 목소리를 높이지 않고도 큰 울림을 낼 수 있는 선수는 드물다.

STORY

캉테의 영원한 비교대상 마켈렐레
그리고 위대한 프랑스 선배들

프랑스는 국내 한정 별명인 '아트 사커' 때문에 우아한 기술을 앞세운 팀이라는 이미지가 강하지만, 전통적으로 탄탄한 공수 균형을 바탕으로 다소 보수적인 축구를 하는 경우가 많았다. 미셸 플라티니와 지네딘 지단 같은 아름다운 플레이메이커의 뒤에는 늘 강인한 수비형 미드필더가 있었다.

미드필더 양성 학교 역할을 한 클럽은 서해안을 끼고 있는 낭트였다. 낭트는 스타 수비형 미드필더를 많이 배출했다. 이상할 정도로 많이 배출했다. 특히 프랑스의 1998 프랑스 월드컵과 유로 2000 연속 우승 주역 중 수비형 미드필더 디디에 데샹과 크리스티안 카랑뵈, 미드필더 출신으로서 센터백을 소화한 마르셀 드사이가 모두 낭트 출신이라는 건 신기할 따름이다. 그 뒤를 잇는 대표팀 미드필더 클로드 마켈렐레, 제레미 툴랄랑까지도 낭트가 배출해낸 대표적인 선수들이다.

레블뢰의 수비형 미드필더인데 낭트 출신이 아니라는 점만으로도 캉테는 약간 비주류인 셈이다. 캉테가 성장한 캉은 주로 측면자원들을 잘 길러낸 편이다. 프랑스의 전설적 수비형 미드필더 중 낭트 출신이 아닌 선수들은 파리생제르맹의 전설인 루이스 페르난데스, 보르도에서 오래 뛴 장 티가나 등 소수에 불과하다. 거칠게 말하면 낭트 미드필더들이 득세하면서 프랑스 대표팀의 전성기가 시작됐다고도 볼 수 있다.

캉테가 물려받은 계보가 있다면 첼시 진출 전통이다. 프랑스의 전설적 수비형 미드필더들은 유독 첼시를 자주 거쳤다. 위에 거론된 전설적 선수들 중에서도 드사이, 데샹, 마켈렐레가 한때 몸담았다. 프랑스 전성기의 주연급 조연이었던 에마누엘 프티, 대성하진 못했지만 한때 프랑스를 이끌어 갈 기대주로 평가받았던 라사나 디아라 역시 첼시 선배다. 이 리스트의 마지막에 캉테가 있다.

프랑스 대표팀은 전술 분업이 잘 돼 있는 편이고, 수비형 미드필더에게는 말 그대로 수비와 중원 장악만 요구하는 경우가 많다. 2018 러시아 월드컵 당시, 데샹 감독은 캉테에게 중원 최후방의 차분한 무게중심 역할을 맡기는 데 성공했다. 즉 '마켈렐레 롤'을 첼시보다 먼저 부여해 적응시킨 것이다. 캉테가 수비진 바로 앞에서 중심을 잡으면 미드필더 파트너 폴 포그바, 그리고 수비적인 윙어 블레즈 마튀디가 수비력을 보탰다.

수많은 선배 미드필더 중에서도 캉테는 마켈렐레와 늘 비교되곤 했다. 174cm의 마켈렐

레와 168cm의 캉테는 외모부터 시작해 인종, 국적, 소속팀, 수비력이 출중하면서도 드리블 돌파가 수준급이라는 장점, 그래서 한때 측면 미드필더로 배치됐다는 것 등 닮은 점이 한두 가지가 아니었다.

두 선수를 모두 지도해본 클라우디오 라니에리 감독은 "마켈렐레는 어렸을 때 오른쪽 윙어로 시작했다. 경력이 쌓이면서 역동성이 떨어진 대신 동료들을 조직해 활용할 수 있는 선수가 됐다. 한편 캉테는 아주 진지하다. 축구를 위해 태어난 사람이다"라고 말했다. 라니에리가 지도하던 시절 캉테는 마켈렐레와 스타일이 퍽 다른 선수였다.

마켈렐레는 캉테가 첼시로 갓 합류한 2016년 여름 은근한 자부심을 밝혔다. "수비형 미드필더는 어려운 포지션이다. 리더가 되어야만 한다. 미드필드의 동료들과 협업을 해야만 한다. 나는 은골로 캉테를 좋아한다. 하지만 이 역할에서 나보다 나은지는 아직 잘 모르겠다. 이 역할을 완전히 익히려면 여전히 배울 것이 남았다"며 전술 이해도 측면에서는 자신이 한 수 위라는 생각을 내비쳤다. 비슷한 시기, 캉테는 비교를 거부하며 겸손한 태도만 보였다.

그러나 캉테의 경력이 쌓이고 마켈렐레와 비슷한 역할을 맡을 수 있게 되면서, 둘은 더욱 비슷해졌다. 선수 시절 못지 않게 축구 평론으로도 유명한 웨인 루니는 2021년 "캉테는 모든 걸 할 줄 안다. 야야 투레와 마켈렐레의 역할을 혼자 해내는 선수가 있다는 건 믿기 힘들 정도다"라고 말했다. 원래 장점이었던 전진 능력을 유지하면서 마켈렐레의 수비력까지 흡수했다는 극찬이다.

사람들은 프랑스를 대표하는 스타 플라티니와 지단의 성공에만 눈길을 주곤 한다. 하지만 챔피언이 되려면 프랑스의 수비형 미드필더를 갖는 편이 더 빨랐다. 1990년대 AC밀란의 드사이, 유벤투스의 데샹, 2000년대 레알마드리드의 마켈렐레를 지나 2010년대에는 첼시의 캉테가 있었다. 그들을 영입하는 게 성공으로 가는 지름길이었다.

캉테가 있어 가능했던 전술 유행의 변화

AC밀란의 아리고 사키가 1990년경 4-4-2를 기반으로 둔 현대축구의 문을 연 뒤, 20년 넘는 세월 동안 대부분의 전술은 그 아류였다. 4-2-3-1은 4-4-2를 좀 더 위아래로 길게 늘려 놓은 것이고, 4-3-3은 실질적으로 4-4-2을 응용한 4-1-4-1이었다. 심지어 디에고 시메오네 아틀레티코마드리드 감독은 아예 4-4-2를 부활시키는 게 최선이라는 아이디어를 통해 큰 성과를 냈고, 라리가에 4-4-2 유행을 불러오기까지 했다.

콘테가 첼시에 오기 전 유벤투스에서 유행시킨 3-5-2 역시 스리백이라는 분명한 가시적 차이에도 불구하고 4-4-2의 장점을 유지한 대형이다. 양쪽 윙백중 한 명만 아래로 내리면 간단하게 4-4-2로 전환할 수 있기 때문이다. 예를 들어 콘테가 이 전술을 유행시켰던 유벤투스에서는 스리백 중 왼쪽에 있는 조르조 키엘리니가 측면 수비수 출신이었기 때문에 오른쪽 윙백만 아래로 내려서 키엘리니, 레오나르도 보누치, 안드레아 바르찰리, 스테판 리히슈타이너가 포백인 것처럼 만들기 쉬웠다. 또한 포백으로 변환하지 못했을 때도 중앙 미드필더가 3명이나 된다는 특성을 살려 상대를 마구 압박하는 막싸움 양상을 만든다면 수비 대형은 그리 중요하지 않았다.

그런데 콘테는 첼시에서 완전히 새로운 스리백을 선보이게 된다. 이미 사장된줄 알았던 3-4-3이었다. 이 포진은 3-5-2와 달리 수비와 미드필더를 더한 숫자가 7명이기 때문에, 사키 이후 현재축구 수비의 상식이 된 '4명씩 2줄' 8인 수비진을 구축하기 너무 힘들었다. 또한 좌우 윙백이 심하게 공격적인 마르코스 알론소, 빅터 모제스 조합이라 포백으로 전환하기 더 까다로웠다. 콘테는 윙백 중 한 명을 후퇴시키기는커녕 스리백 중 오른쪽에 원래 풀백인 세사르 아스필리쿠에타를 배치함으로써 오히려 더 전진성 강한 조합을 만들어냈다. 최전방의 디에고 코스타와 윙어 에당 아자르가 공격에 치중했고, 그들의 속공 이후에는 페드로 로드리게스, 모제스, 알론소가 순차적으로 공격에 가담해 상대를 계속해서 혼들었다.

수비를 지탱하기 힘들기 때문에 비현실적인 전술인 줄 알았는데, 이를 현실화한 선수가 캉테였다. 오히려 콘테가 이론적으로 3-4-3을 떠올린 게 아니라 캉테를 비롯한 첼시 선수들의 장점을 살리다보니 나온 조합일 정도로 잘 어울렸다. 캉테는 수비 부담이 많이 주어질수록 더 빛나는 종류의 선수였다. 스피드가 빠르고 수비 위치선정이 좋기 때문에 매우 넓은 공간을 혼자 커버할 수 있었다. 거칠게 요약하면, 캉테가 두 명 몫의 중원장악을 해냈기 때문에 첼시는 다른 팀보다 한 명 더 적은 수비 조직으로도 버틸 수 있었던 것이다. 대니 드링크워터가 붙여준 두드러기라는 별명처럼, 캉테는 경기장 여기저기에 마구마구 솟아났다.

이렇게 되자 첼시는 스피드와 돌파력을 겸비한 에당 아자르, 디에고 코스타에게 수비 부담을 최소화하고 속공에 전념하게 만들어줄 수 있었다. 다른 강팀들과 동등한 수비력을 유지하면서도 공수 전환 상황에서는 전방으로 질주하는 선수가 가장 많았다. 우승팀 첼시의 수비력은 33실점으로 이 부문 3위였다. 공격은 85득점 2위로 이 부문 1위 토트넘과 단 1골 차이에 불과했다. 수비력과 공격력 모두 리그 최정상급이었다.

캉테는 비슷한 시기 만개한 레알마드리드 수비수 세르히오 라모스와 더불어 수비자원의 기동력이 얼마나 중요한지 보여주면서 현대축구 전술의 전환을 이끌었다. 2015년 전후로 축구의 화두는 점유율에서 공수전환 속도로 바뀌고 있었다. 라모스를 중용한 레알마드리드 역시 4-3-3 포메이션을 쓰되 스리톱의 수비 가담을 줄여주고, 가급적 7명만으로 수비할 수 있게 만든 팀이었다. 레알은 상대 속공에 수비가 자주 노출된다는 문제를 라모스의 스피드와 빠른 판단력으로 해결했다. 그

런가 하면 이들에 비해 조금 덜 파격적이지만, 바르셀로나 역시 2014-15시즌 UEFA 챔피언스리그 우승을 차지할 때 지능적인 차비 에르난데스가 아니라 기동력이 좋은 이반 라키티치를 중용하면서 큰 효과를 봤다. 캉테는 중원과 후방에도 기동력이 중요하다는 걸 보여주는 새 시대의 상징 같은 선수였다.

과거에는 미드필더의 신체능력으로 신장과 덩치를 중시했지만, 이젠 키가 작더라도 기민하게 넓은 범위를 커버할 수 있다면 문제될 것이 없다. 오히려 낫다고도 볼 수 있다. 첼시에서 캉테의 코치였던 스티브 홀랜드는 "캉테는 5피트 6인치(168cm)다. 보통 그라운드를 커버하는 중앙 미드필더의 몸이라면 폴 포그바처럼 6피트 3인치(190cm) 정도를 기대하기 마련이다. 그러나 캉테는 사자의 심장을 가졌다. 신체적인 측면에서 무엇을 기대하든 다 해낼 수 있다"라고 말했다.

중요한 건 수비 범위만이 아니다. 캉테가 앞으로 전진하면서 공을 빼앗을 수 있는 판단력의 소유자라는 것 역시 핵심이다. 자기 자리를 지키면서 상대가 실수하길 기다리는 수비 방식으로는 루즈볼을 만들고, 이를 주운 뒤 전방을 향해 몸을 돌려 빌드업을 시작해야 하기 때문에 공격 개시에 오래 걸린다. 반면 캉테가 상대 미드필더를 직접 습격해 공을 빼앗는다면 상대 골문을 바라보는 상태에서 즉시 드리블이나 전진 패스를 시작할 수 있다. 이는 훨씬 더 빠른 속공으로 이어진다.

이 점이 흔한 3-4-3과 첼시의 결정적 차이점이었다. 과거에도 3-4-3을 쓰는 팀들은 주로 세리에A에 꾸준히 있었다. 단순하게 말하면 4-4-2에서 공격수 한 명을 빼고 센터백 한 명을 늘린 것이니 상당히 수비적이고 역습에 치중하는 전략이었다. 하위권 팀이 더 많이 구사했지만 나폴리가 에딘손 카바니, 에세키엘 라베치, 마렉 함식을 지녔던 시절처럼 강팀이 채택하는 경우도 있었다. 그들의 한계는 공격 방식이 역습으로 한정되기 때문에 수비라인을 뒤로 내리고 상대 실수를 기다려야만 공격이 가능하다는 점이었다. 하지만 캉테를 중심으로 한 간헐적 전방압박이 3-4-3에 첨가됐을 때, 3-4-3은 수동적인 포진이 아니라 경기 템포를 자기 뜻대로 높일 수 있는 능동적인 전략으로 바뀌었다.

콘테는 "캉테는 상대 공격을 저지하기만 하는 선수가 아니다. 원래 갖고 있던 수비력은 더욱 발전했다. 또한

3-4-3

		19		
		코스타		
10				11
아자르				페드로
3				15
알론소	21	7		모제스
	마티치	캉테		
24		30		28
케이힐		루이스		아스필리쿠에타
		1		
		쿠르투아		

다른 측면에서도 캉테는 그만큼 뛰어나다. 우리 팀에서 아주 중요한 역할을 맡아 준다"고 말했다. 상대가 수비 조직을 갖추기 전 에당 아자르와 디에고 코스타가 득점 기회를 잡으려면 캉테의 조력이 꼭 필요했다. 콘테와 캉테의 전술적인 아이디어는 리그 전체에 퍼졌다. 2016-17시즌 첼시와 아스널의 관계는 상징적이다. 첼시가 아직 포백이던 첫 대결에서는 아스널이 3-0 대승을 거뒀다. 첼시는 스리백 전환 후 만난 후반기 대결에서 3-1로 복수했다. 여기에 깊은 감명을 받은 아르센 벵거 아스널 감독이 그에게서 상상하기 힘들었던 스리백을 도입, FA컵 결승전에서 다시 첼시를 꺾었다. 포백으로도 볼 수 있지만 원래 풀백인 나초 몬레알을 스리백의 한 축으로 두고 윙백으

로 알렉스 옥슬레이드체임벌린을 배치했다는 건 콘테 전술을 따라한 변형 스리백이었다.

2020년 4월 통계에 따르면, 콘테가 스리백의 위력을 널리 알린 2016년 10월 헐시티전 이후 3년 반 동안 스리백을 쓰는 프리미어리그 팀이 폭증했다. 앞선 2015-16시즌 쓰리백은 총 34회 썼는데, 첼시가 유행을 선도한 2016-17시즌에는 무려 3배 이상 늘어난 112회였다. 스리백을 한 번이라도 도입한 팀은 2015-16시즌 10팀에서 2016-17시즌 17팀으로 늘어났다. 거의 모든 팀이 실험 정도는 해본 것이다. 스리백의 승률은 47.3%로 포백의 36.7%보다 크게 높았다.

일단 캉테를 통해 3-4-3이나 3-4-2-1의 가능성이 재발견되자, 그 뒤로는 캉테 같은 선수가 없는 팀도 이 포진의 구사법을 개발해 나갔다. 마치 프란체스코 토티가 가짜 9번의 아이디어를 널리 전파한 뒤로는 다양한 스타일의 미드필더가 최전방을 맡을 수 있게 된 것처럼, 캉테를 보고 영감을 얻은 감독들은 자기 팀 미드필더를 다양하게 조합해 3-4-3에 적용하는 연구에 들어갔다. 포진보다 중요한 건, 상대와 난타전을 벌이는 게 조심스러운 점유율 확보보다 더 이득이라고 느끼는 팀이 늘어났다는 점이다. 2018 러시아 월드컵 4강에 오른 벨기에, 세리에A에서 돌풍을 일으킨 아탈란타가 대표적이다. 축구는 더 빨라졌다.

결국 캉테를 기점으로 축구 전술사의 한 장이 넘어갔다고 봐도 과언이 아니다. 2010년대 전반기는 조금은 느리더라도 끈질기게 공을 돌리는 팀들의 시대였다. 2010년대 후반기는 덜 정교하더라도 빠른 공수전환으로 상대를 정신 못 차리게 만드는 팀들이 이득을 봤다. 전자의 상징이 차비 에르난데스라면 후자의 상징은 캉테다.

캉요미

캉테는 귀요미

1 여기까지 읽은 독자들이라면 캉테의 소박한 성품과 귀여움에 대한 에피소드를 이미 여럿 접했을 것이고, 한국어판 별명인 '캉요미'도 들어봤을 것이다. 크레이그 셰익스피어 전 레스터시티 코치는 캉테가 처음 합류한 날을 회고하며 "다들 테스트 받으러 온 유소년 선수인 줄 알았다. 덩치가 너무나 작았기 때문이다"라고 말했다. 실제로는 꽉 찬 스물넷 나이에 합류했지만, 다들 캉테를 동생처럼 아꼈다. 체구만 작은 게 아니라 동안이라는 것도 만국 공통으로 받는 인상이다. 캉테와 비슷한 체형의 클로드 마켈렐레를 귀엽다고 하는 사람은 없었다는 걸 감안한다면 둘의 차이는 결국 생김새와 표정이다. 구글에 'kante'를 치면 한 번도 검색한 적 없는 'kante cute'가 연관검색어로 자동 제시된다. 이를 클릭하면 해맑게 몸 푸는 사진, 다비드 루이스의 품에 꼭 안겨 있는 '설레는 키 차이' 사진 등이 주르륵 나온다. 언젠가 캉테가 선글라스를 쓰고 첼시 홍보 영상을 촬영한 적이 있는데, 보기만 해도 웃음이 나오는 장면을 소개한 '더 선'의 기사 문구는 '캉테는 역시 축구계에서 가장 호감형이다. 이번 사진은 팬들이 그를 사랑해야 하는 이유를 하나 더 늘렸다'는 것이었다. 한 팬은 "누가 캉테를 싫어할 수 있겠어? 세상에서 가장 귀여운데 축구할 때는 누구보다 터프하잖아"라며 캉테의 이중적인 매력을 한 마디로 요약했다.

2 혹시나 해서 구글에 일본어로 은골로 캉테(エンゴロ カンテ)와 모에(萌え, 주로 일본 대중문화에서 어떤 대상에 대한 애정을 뜻함)를 입력해봤다. 대부분 두 단어가 포함된 평범한 기사들이지만 캉테의 귀여움에 대한 글이나 팬 반응도 여럿 검색된다. 캉테를 유독 친근하고 귀여운 대상으로 생각하는 건 동료들도 마찬가지다. 캉테가 첼시 소속으로서 레스터의 킹파워 스타디움을 다시 찾았을 때 라니에리의 반응은 유명하다. 입장 전 터널에서 마주쳤을 때 캉테는 장갑을 벗고 예의 바르게 악수를 청하려 했다. '구 감독' 라니에리는 그 손을 잡더니 '이놈의 자슥~'이라고 외치는 듯한 표정으로 헤드락을 걸고 등짝을 팡팡 두들겼다. '현 감독' 콘테는 흐뭇한 표정으로 둘의 재회를 지켜보고 있었다.

3 챔피언스리그 우승 직후 찍힌 사진들도 동료들이 캉테를 어떻게 생각하는지 잘 보여준다. 캉테보다 세 살 어리지만 키는 25cm나 더 큰 퀴르트 주마는 캉테를 트로피 삼아 번쩍 드는 것으로 우승의 기쁨을 표현했다. 캉테를 바벨처럼 머리 위로 번쩍 드는 순간도 있었고, '공주님 안기' 자세로 끌어안은 모습도 있었다. 나중엔 유행이 됐는지 다른 선수들도 몰려들어 캉테를 드는 챌린지 놀이에 동참했다.

4 이처럼 다들 캉테의 귀여움에 초점을 맞추는 이유 중에는 다른 성격이 잘 드러나지 않는다는 점도 있다. 캉테는 중요한 경기에서 골을 넣었을 때도 세리머니를 거의 하지 않는 편이다. 그라운드에서 감정 자체를 드러내지 않고, 심지어 파울을 당했을 때 부상을 호소하면서 뒹구는 모습조차 비교적 드물다. 로봇처럼 한 치의 오차도 없이 전술적인 플레이를 반복하는 캉테는 보통 축구선수에게 기대하는 열정, 흥분 등 남성적 에너지를 찾기 힘든 편이다. 심지어 챔피언스리그 트로피에 다들 입을 맞출 때에도 수줍게 손으로 한 번 훅 쓸고 지나가는 게 전부일 정도로 승리에 대한 집념조차 드러나지 않는다. 플레이스타일이 조용한 선수 중에는 가끔 상상을 초월하는 연애사나 화려한 씀씀이로 인해 황색언론에 포착되는 경우가 더러 있지만 캉테는 그러한 사생활도 거의 노출되지 않았다. 사람들은 캉테의 귀여운 외모와 소소하고 정겨운 일화들을 접하며 특유의 캐릭터를 만들어내고, 캉테를 더욱 사랑하게 된다.

캉테는 전 세계에서 가장 뛰어난 중앙 미드필더다.
골을 많이 터뜨리진 않으나 팀에 많은 걸 주는 선수다.
현재 은골로보다 나은 선수가 없다.
프랭크 램파드 / 전 첼시 감독

해당 포지션에서 세계 최고 선수인 은골로와 몇 년 정도 같이 뛰었다.
은골로의 컨디션이 좋지 않으면 패배할 확률이 커진다.
그가 최상일 때는 승률이 95% 정도 된다.
에당 아자르 / 전 첼시 동료

지구의 71%는 물로 덮여 있다.
그리고 물로 덮이지 않은 나머지 29%는 캉테가 커버한다.
마르셀 드사이 / 전 프랑스 대표팀, 첼시 주장

캉테가 대표팀에서 활약하는 게 전혀 놀랍지 않다.
그는 정말 조용하지만, 공을 계속해서 되찾아온다.
캉테가 캉에서 뛸 때 한두 번 정도 맞대결했는데,
최근 그의 상승세는 정말 강렬하다.
앙드레 피에르 지냑 / 전 프랑스 대표팀 동료

저 친구가 뛰는 걸 보면 기적 같다.
노엘 르 그라에 / 프랑스축구협회장

캉테가 라사나 디아라보다 경험이 부족한 건 사실이다.
그러나 프랑스 대표팀이 캉테를 쓰면서 손해를 봤다는 생각은 들지 않는다.
크리스티앙 구르퀴프 / 전 알제리 감독

PRAISES
FOR
N`GOLO

캉테를 링

캉테는 수비형 미드필더가 아니라 완성형 미드필더라고 생각한다.
그는 어떤 상황에서든 페널티 박스에 있는데, 정말 환상적이다.
환상적인 체력에 좋은 기술과 위치 선정 능력, 뛰어난 인성을 갖췄다.
안토니오 콘테 / 전 첼시 감독

캉테가 위대한 선수라는 걸 모두가 이해해야만 한다.
사실 많은 이들이 캉테에 관해 조금만 알고 있다.
캉테는 전혀 다른 심성을 지닌 선수다.
훌륭한 사람이며 좋은 친구다.
우리는 항상 함께 웃는다.
그런 선수와 동료가 될 수 있다는 건 환상적인 일이다.
다비드 루이스 / 전 첼시 동료

은골로는 우리를 괴롭혔다.
이는 분명한 사실이다.
그는 정말 많이 뛴다.
우리에게 많은 문제를 일으켰고, 공격 흐름을 끊어버렸다.
은골로는 공을 탈취하는 능력도 탁월하다.
첼시가 좋은 팀인 걸 안다.
은골로는 그들이 지닌 강점 중 하나다.
라파엘 바란 / 맨체스터유나이티드 선수, 프랑스 대표팀 동료

은골로는 차이를 만들 수 있다.
은골로는 공을 세 번 빼앗기면 네 번 되찾아온다.
그는 어디에나 있다. 정말 위대한 선수다.
폴 포그바 / 맨체스터유나이티드 선수, 프랑스 대표팀 동료

PRAISES
FOR
N`GOLO

캉테를 향한 말들

캉테를 향한 말들

은골로와 함께 뛰면 우리는 12명이 된다.
올리비에 지루 / 전 첼시, 프랑스 대표팀 동료

한 시즌 동안 은골로와 함께 뛰었다.
그의 옆에서 뛰면서 즐기지 않은 경기는 없었다.
대니 드링크워터 / 전 레스터시티 동료

개인적으로는 캉테가 조금 더 잘해 주기를 기대한다.
훨씬 더 잘할 수 있다는 걸 알기 때문이다.
그는 동료 수비수들과 더 많이 소통할 필요가 있다.
더 많은 책임감과 함께 더 많이 말할 수 있는 힘을 갖길 바란다.
'난 여기 있어. 넌 내 뒤에서 플레이해.
나는 네 앞에서 뛸 거야'라고 말이다.
클로드 마켈렐레 / 전 프랑스 대표팀, 첼시 선수

바레시 이야기와 조금 비슷하다.
높은 수준의 경기를 펼치고도 발롱도르를 수상하지 못했다.
언제나 골을 터뜨리는 선수들이 별을 훔쳐간다.
한 번만이라도 제대로 각광받지 못하는 선수가
수상할 수 있으면 좋을 것 같다.
캉테는 정말 뛰어난 경기력을 보였으니 자격이 있다.
뤼트 훌리트 / 전 네덜란드 대표팀, AC밀란 선수

캉테는 단연 2015-16시즌
잉글리시 프리미어리그 최고의 선수다
알렉스 퍼거슨 / 전 맨체스터유나이티드 감독

PRAISES
FOR
N`GOLO

EPILOGUE

축구 최후의 아마추어리즘

캉테 이야기는 실컷 했으니 잠깐 그에게서 눈을 떼
요즘 슈퍼스타들이 어떤 삶을 사는지 훑어보자. 20년 전에는
데이비드 베컴처럼 자기 브랜드를 철저히 관리하고 연예인처럼
사는 선수가 드물었다. 그런데 지금은 축구계의 모든
스타플레이어들이 그렇게 한다.
이제 축구선수들의 삶은 뭐랄까 윌 스미스에 가깝다.
집안에서 스타 한 명이 탄생하면 가족 모두 그의 에이전트,
매니저, 혹은 선수 이름을 내건 자선단체 대표 등을 맡아
가족 기업화 되는 모습이 그렇다. 헐리우드의 자유로운
영혼처럼 보이지만 사실 모든 행동이 철저하게 상업적으로
계산돼 있고, 대중 앞에 나설 때는 꼭 퍼블리싱 담당자의
검수를 거친다는 점 역시 윌 스미스 같다. 한 순간의 실수로
몰락할 수 있다는 점까지도.
앙투안 그리즈만은 자신이 이적하는 과정뿐 아니라 이적하지
않는다는 결정까지도 자체 다큐멘터리로 만들어 배포했다.
킬리안 음바페는 대중에게 밉보이지 않을 정도로 잇속을
챙기면서 기존 스타들이 놓쳤던 사소한 초상권까지 알뜰하게
관리한다. 심지어 선수가 아닌 감독 주제 무리뉴조차 소셜
미디어 팔로워를 확보한 뒤 광고를 올리는 수입원으로 쓰고
있다. 그들의 철저한 실력 관리부터 대중에게 보이는 일거수
일투족은 수익을 극대화하기 위한 프로페셔널의 행동이다.

프로로 가득한 행성에서, 캉테는 최후의 아마추어 같은
존재다. 이 책의 여러 일화들을 종합했을 때 그려지는 캉테의
모습은 과시욕, 물욕, 소유욕이 놀라울 정도로 없으며,
거의 사장된 표현대로 '축구에만 집중하는' 선수다.
마찬가지로 축구 외에는 아무것도 모르는 듯했던 리오넬
메시도 탈세 의혹이 있었고 안드레스 이니에스타도 가업을
물려받아 사업을 병행하는데, 캉테는 아니다.
스포츠의 순수성을 상징하는 단 한 명을 꼽는다면
2022년엔 캉테다. 간혹 미디어에서 축구 외적으로 그의
이름이 오르내린다고 해도 자신의 잇속을 챙기기 위한 일은
결코 아니다. 사고로 실종된 옛 동료의 시신을 찾는 일,
프로스포츠계에 만연한 남들 다 하는 탈세에 가까운

절세 행위를 단호히 거부하는 일 등에서 그의 이름이 보인다.
흔히들 캉테에게 귀엽다고 하는 건 그의 겸손에 대한 다른
표현이기도 하다. 영어로 캉테를 검색할 때 'cute'보다
더 자주 딸려 나오는 연관검색어는 'humble'이다. 캉테에 대한
이야기에서 특이한 양상은 목격담으로 구성된다는 것이다.
캉테는 황색언론이 가장 따분해하는 종류의 선수다.
전 세계에서 축구선수를 자극적으로 보도하기로는 단연 1위인
도시 런던에 살지만 기자나 파파라치가 그를 찍는 횟수보다
길거리에서 만난 팬들이 찍는 횟수가 더 많을 정도다.
교통사고 현장에서의 미담, 모스크에서 만난 다른 팀 팬의
집까지 얼떨결에 따라가 함께 저녁을 보낸 일화, 기차를 놓친
이야기 같은 것들이다. 런던의 매체들은 캉테를 귀엽고 겸손한
방향으로 다루는 것이 유일한 방법이며, 그런 식으로라도
신문을 팔아먹을 수 있는 특이한 존재라는 걸 깨닫고 음해를
기대하는 접근을 포기했다. 처마를 길게 늘였다는 정도의
흠조차 찾기 어려웠다.

오늘날 프로스포츠 세계에는 자기 스토리를 좀더 특별하게
만들고 싶어 안달 난 수많은 선수들이 있으며, 그들의 관심병은
스포츠를 더 재미있게 해 주는 좋은 요소가 되기도 한다.
그것도 괜찮다. 결코 나쁘지 않다. 그런데 캉테는 수천만 명이
시청하는 경기에서 엄청난 이목을 끌어 놓고도 사적으로는
늘 숨어 다니기 때문에 팬들이 그를 지독히도 궁금해하며
스토리를 대신 만들게 한다. 캉테에 대한 이야기는 하나씩
하나씩 수집된 것이기에 조금 특별하다.
이제 아마추어리즘은 축구의 가장 오래된 환상이다. 축구를
처음 고안해낸 19세기 영국인들은 심판의 필요성조차 부정할
정도로 신사적이고 순수한 스포츠를 원했다. 캉테는 그 로망의
마지막 수호자로서 우리 곁을 지키고 있다.

N`Golo Kante

1ST PUBLISHED DATE 2022. 6. 24

AUTHOR Sunsoo Editors, Ryu Chung, Kim Jungyong
PUBLISHER Hong Jungwoo
PUBLISHING Brainstore

EDITOR Kim Daniel, Cha Jongmoon, Park Hyerim
DESIGNER Champloo, Lee Yeseul
MARKETER Yook Ran
PHOTO Getty Images
E-MAIL brainstore@chol.com
BLOG https://blog.naver.com/brain_store
FACEBOOK http://www.facebook.com/brainstorebooks
INSTAGRAM https://instagram.com/brainstore_publishing

ISBN 979-11-88073-93-1 (03690)

N`GOLO KANTE